GUNILLA VON POST
CARL JOHNES

In Liebe, Jack

Aus dem Amerikanischen
von Margarete Längsfeld

Deuticke

ZUM GEDENKEN AN MEINE GELIEBTE SCHWESTER EWA

Inhalt

Vorwort

eine erste Begegnung mit Gunilla von Post fand vor einigen Jahren in New York statt, als sie auf dem Weg von der Schweiz nach Florida war. Diesen ersten Kontakt verdanke ich einer befreundeten Schauspielerin, die in jedem Winkel der Erde mindestens zweihundert ungewöhnliche Leute kennt und mir verraten hatte: »Sie ist Schwedin. Ihre Geschichte klingt interessant. Vielleicht solltest du dich einmal mit ihr unterhalten.« An einem kühlen Novemberabend traf ich also Gunilla und ihren Sohn zum Dinner; wir gingen in ein belebtes Bistro an der East Side von Manhattan, und unser Gespräch verlief wahrlich interessant: hier kamen unwiderlegbare Beweise einer großen, wahren Liebesgeschichte zu Tage – einer Geschichte, die nie zuvor erzählt worden war.

Unsere Beziehung entwickelte sich langsam, anhand von Telephongesprächen, Briefen und Begegnungen. Im Herbst 1995 flog ich dann für zehn Tage nach Palm Beach, und wir begannen eng zusammenzuarbeiten. Unsere erste Aufgabe bestand darin, die handgeschriebenen Liebesbriefe zu sichten, die John F. Kennedy ihr von 1954 bis zum Sommer 1956 geschickt hatte – Briefe, die sie vierzig Jahre lang aufgehoben hatte. Während Gunilla sich Einzelheiten ihrer aufkeimenden Liebe, ihrer bittersüßen Romanze und ihres unerwarteten, herzbewegenden Wiedersehens im Jahre 1958 in Erinnerung rief, ergab sich ein neues Bild von Mr. Kennedy – das Bild eines zärtlichen, hingebungsvollen jungen Mannes, der ganz anders war als der kühle, ehrgeizige Herzensbrecher JFK, als den ihn die Boulevardpresse darstellte.

Als ich Gunillas Geschichte hörte, wurde mir klar, daß der berühmteste Amerikaner dieses Jahrhunderts trotz der Millionen von Worten, die bereits über ihn geschrieben wurden, noch immer durch ein Prisma betrachtet wird, welches das Portrait seiner Persönlichkeit streut, wie bei jedem beliebigen Blick auf die Geschichte. Die Sichtweise, die Gunilla mir vermittelte, zeigte Facetten unseres fünfunddreißigsten Präsidenten, die bislang kaum enthüllt worden waren.

Während der Tage und Nächte, in denen wir redeten, schrieben und miteinander speisten, tauchten Namen, Begegnungen, Orte und Gefühle auf, die Gunilla längst vergessen geglaubt hatte. Dennoch waren es heilsame Stunden, die mehr mit Lachen als mit Schmerz erfüllt waren.

Wir haben uns bemüht, Gunillas Gedanken und Gefühle so gut wie möglich festzuhalten. Wichtiger noch, wir haben versucht, ein unvergeßliches emotionales Erlebnis zu Papier zu bringen.

Was Sie lesen werden, ist das Ergebnis dieser Bemühungen, eine persönliche, einzigartige Erinnerung an John F. Kennedy, erzählt mit der aufrichtigen Stimme der Frau, die er nicht nur geliebt hat, sondern auch gerne geheiratet hätte – seine heimlichste und vielleicht wahrhaftigste, junge Liebe.

Hier wird nicht nur ein empfindsamer, verletzlicher JFK aus Gunillas ganz privater Sicht gezeigt; Gunillas Erinnerungen fügen sich zu einer fesselnden Romanze und lassen einen »kurzen, leuchtenden Augenblick« wiedererstehen – vor Camelot*, bevor die Kugel eines Mörders die Hoffnungen des Landes und einer Generation von Amerikanern zunichte machte –, einen Zeitabschnitt, an dem Gunilla von Post die Welt nun endlich teilhaben lassen möchte.

Carl Johnes, New York 1997

---

* Der Name von Arthurs Königshof wurde nach dem Attentat von Dallas auf Kennedys Regierungsmannschaft übertragen (Anm. d. Ü.).

Palm Beach
1994

Am Morgen des 20. Mai wachte ich in meiner Wohnung in der Coconut Row später auf als gewöhnlich. Während ich mir Kaffee machte, sah ich aus dem Fenster, konnte aber nicht recht erkennen, wie das Wetter war. Deshalb ging ich mit meiner Tasse auf die kleine Terrasse vor meinem Eßzimmer und blickte zum Himmel. Noch verhüllten ein paar graue Wolken die Sonne.

Es war Freitag, und mich erwartete an diesem Wochenende ein volles Programm. Ich wollte am Samstag zu einem kurzen Besuch zu meinem Sohn Wisner nach New York fliegen und anschließend über den Atlantik zu meiner kleinen, gemütlichen Wohnung in dem Schweizer Dorf Villars-sur-Ollon. Dort in den Alpen würde ich meine Älteste, Andrea, und ihren sechsjährigen Sohn Janni sehen, mein geliebtes Enkelkind, dann sollte es weitergehen nach Portugal zu meiner jüngeren Tochter Rosina, ihrem Mann und ihren Kindern Eduardo, Isabel und Ricardo.

Doch heute wollte ich faulenzen. Ich hatte nichts weiter vor, als mich im Beach Club mit ein paar Bekannten zum Lunch zu treffen und zu schwimmen. Ich kramte die Fernbedienung unter den auf einem Sessel gestapelten Kissen und Illustrierten hervor und schaltete den Fernseher ein. Ich stellte den Ton wie gewohnt ab – die Welt war ohnehin laut genug – und beobachtete, wie der Bildschirm hell wurde.

Statt der üblichen Morgen-Quizsendungen und Talkshows sah ich einen schrecklich ernst blickenden Nachrichtensprecher an seinem Pult. Als nächstes erschien das Gesicht einer sehr berühmten Frau auf dem Bildschirm und darunter die Zeile:

JACQUELINE KENNEDY ONASSIS
1929–1994

Ich schaltete den Ton wieder ein. John F. Kennedy junior erschien vor dem Wohnhaus seiner Mutter in der Fifth Avenue. Er sagte, sie sei »auf ihre Art und Weise von uns gegangen ... und das ist uns ein Trost«.

Erschüttert stellte ich meine Tasse langsam auf den Couchtisch und setzte mich langsam und bedächtig auf mein Sofa, versuchte, mich zu fassen, und hoffte, daß das Hämmern in meiner Brust aufhören würde. Doch dieser Augenblick war ein Wendepunkt; für mich hatte sich die Vergangenheit zu einem vollständigen Bild gefügt, einem Bild, das ich jetzt im Ganzen sehen konnte.

Natürlich hatte ich gewußt, daß Jacqueline krank war, doch die Realität dieser Nachricht war noch immer ein Schock. Die Stimme des Sprechers leierte weiter. Ich schaltete den Fernsehapparat aus. Ich hörte dem Mann nicht zu. Ich hörte auf meine Gedanken.

Es gibt Momente, so habe ich einmal gelesen, in denen ein ganzes Leben vor den Augen vorbeiflimmert. Jetzt eilten mehrere Leben vorüber: meines, Jacquelines und das eines dritten Menschen, der uns beide unauslöschlich geprägt hatte.

Ich hatte mich Jackie stets schwesterlich verbunden gefühlt. Beide hatten wir einen kleinen Sohn verloren. Beide waren wir auf grausamste Weise Witwe geworden.

Ich hatte sie beobachtet, wie sie John jr. und Caroline großzog. Ihre Würde und ihr öffentliches Auftreten hatten mich beflügelt, auch meinen vaterlosen Kindern eine gute Mutter zu sein. Wir gehörten derselben Generation an und hatten beide die Annehmlichkeiten einer privilegierten Kindheit und Jugend genossen – ich als Abkömmling einer alten schwedisch-deutschen Familie, deren Vorfahren sich bis zu uraltem skandinavischem Adel zurückverfolgen lassen, Jacqueline als Tochter einer französischen Adelsfamilie.

Beide hatten wir qualvolle Tragödien erlitten. Und wir hatten überlebt. Und einmal hatten wir beide denselben Mann geliebt.

Ich trank ein paar Schluck Kaffee. Er war jetzt lauwarm, aber das störte mich nicht. Meine Erinnerung wanderte zurück, weit zurück zu einem wichtigen Abschnitt in meinem Leben, der vor mehr als vier Jahrzehnten begonnen hatte.

Würde ich meine Geschichte jemals irgend jemandem erzählen können? Ich hätte es gewiß nicht getan, solange Jacqueline lebte. Aber würden ihre Kinder es verstehen? Oder meine? Was würden die Leute von mir denken? Wollte ich der Welt von einem Zeitabschnitt berichten, der kostbar, intim und – magisch war?

Ich griff nach dem Telephon und wählte. »Hallo, Schatz. Ich bin's, Gunilla. Ich werde mich zum Lunch verspäten. Nein, nein, es ist nichts passiert. Nur – fangt einfach ohne mich an. Ich komme etwas später.«

Ich verließ meine Wohnung und fuhr über die Brazilian Avenue zum South Ozean Boulevard. Ich wollte am Meer spazierengehen, die Wellen hören, den Wind und die salzige Gischt auf meiner Haut fühlen. Das Meer hat für mich stets eine heilende Kraft besessen.

Ich blieb an einem Geländer beim Wasser stehen und blickte zum Himmel. Ich dachte an einen anderen Tag an einem anderen Strand, einen Tag, der vierzig Jahre zurücklag. Die Wolken verzogen sich, und ich setzte meine Sonnenbrille auf.

Mein Herz war von Gefühlsregungen erfüllt; die Erinnerungen kehrten zu mir zurück, so hell und klar, wie der Himmel unterdessen geworden war – er war jetzt so blau wie an dem Nachmittag, an dem wir uns begegnet waren. Das Plätschern der Wellen war ähnlich leise und stetig. Und droben war dieselbe Sonne, die auf mich – und ihn – herabgeschienen hatte – einen Ozean entfernt und ein Leben weit weg.

Côte d'Azur
1953

Anne Marie und ich jagten uns lachend aus dem Wasser und rannten am Strand entlang. Danach legten wir uns in den Sand und aalten uns in der warmen Sonne, die in unserer Heimat Schweden so viel seltener schien.

Ich war einundzwanzig Jahre alt, es war August, und ich war in Südfrankreich. Unsere Familien hatten meine Freundin Anne Marie Linder und mich für einen Monat von Stockholm hierhergeschickt. Wir waren in La Bourgade untergebracht, einer kleinen, entzükkenden Fachwerkvilla aus dem neunzehnten Jahrhundert, die uns die schwedisch-finnische Baronin Wrede vermietet hatte. Das Haus schmiegte sich in die Hügel von Haut-de-Cagnes, knapp zwanzig Kilometer nördlich von Cap d'Antibes. Offiziell waren wir hier, um unsere Französischkenntnisse zu verbessern.

Wir sprachen mit den Einheimischen so viel Französisch wie möglich, doch hatten wir auch etliche gute schwedische Bekannte, mit denen wir uns unterhalten

konnten. Wir erkundeten die Gegend per Taxi oder mit Freunden, die Autos besaßen. Mein entfernter Vetter Sverker Åström, der später bei den Vereinten Nationen in New York war und unser Land als Botschafter in Paris vertrat, ging oft mit Anne Marie und mir an dem steinigen kleinen Strand in Cagnes unterhalb von La Bourgade schwimmen.

Doch heute war es Anne Marie und mir gelungen, einmal ganz allein an den berühmten *plage* von Cannes zu gehen. Es war ein aufregender Ort mit glamourösen Menschen und großen Hotels.

Die Sonne knallte nicht mehr direkt von oben, sondern war nach Westen gewandert. »Wir sollten lieber gehen«, sagte ich zu Anne Marie. Unsere Badeanzüge waren noch nicht ganz trocken und meine blonden Haare noch etwas wirr und salzig, aber ich zog mein gelbes Strandkleid an und machte mich fertig zum Gehen.

Infolge eines landesweiten Streiks der Postbeamten war seit drei Wochen kein Taschengeld von zu Hause gekommen. Uns ging das Geld aus, und in der letzten Woche hatten wir uns nur von Brot, Käse und Rotwein ernährt.

»Wie kommen wir nach Hause?« fragte Anne Marie.

Ich überlegte rasch. Wir liefen die Treppe zur La Croisette hinauf, der Hauptverkehrsstraße von Cannes, und gingen langsam los. Die Augen auf den Verkehr gerichtet, hielt ich den Daumen in die Höhe.

Ein dunkelblauer englischer Sedan, der in Richtung Nizza unterwegs war, verlangsamte das Tempo und hielt fünfzig Meter vom Hotel Carlton entfernt an. Der Fahrer trug lässige Freizeitkleidung, und er sah gut aus, sonnengebräunt und kräftig gebaut, mit braun-grünen Augen. Er schien Anfang Vierzig zu sein, er war höflich, sogar ritterlich – ein Gentleman, und nicht im geringsten gefährlich. Sein Angebot, uns mitzunehmen, konnten wir nicht ausschlagen.

Sein Name war Gavin Welby; er war ein englischer Geschäftsmann. Nachdem er uns ein wenig gescholten hatte, weil wir per Anhalter fuhren, fragte er, wo wir wohnten und lud uns dann zum Essen ins Le Château ein, »das ist ganz in der Nähe von Ihrem Haus, sehr romantisch, und das Essen ist gut. Ich glaube, es wird Ihnen gefallen.«

Wir sagten mit Freuden zu. Wenige Minuten später – ich saß zurückgelehnt im Wagen und betrachtete die Boote und Schiffe im Hafen von Antibes – hielt Mr. Welby plötzlich an. »Jack!« rief er aus dem Fenster. »Was machst du denn hier?«

Ein großer, schlanker junger Mann mit zerzausten rötlichen Haaren ging vorüber. Er sah lässig aus, was hauptsächlich an seiner saloppen Kleidung lag. Seine hellbraune Hose war sauber gewaschen, aber ungebügelt, als hätte er sie direkt von der Wäscheleine gepflückt und angezogen. Sein Hemd war ebenso leger – verblichen, kurzärmelig und noch zerknitterter als mein

Strandkleid. Seine Augen waren strahlend blau und funkelten vergnügt, als wären Sterne darin. Und er hatte ein Lächeln, das sein ganzes Gesicht aufleuchten ließ. Er erkannte Gavin und kam sogleich zu unserem Auto. »Gavin!« sagte er kopfschüttelnd, und es klang erleichtert. »Bin ich froh, daß ich dich sehe! Ich werde von einer italienischen Contessa auf einer Vespa verfolgt, und ich werde sie einfach nicht los. Sie treibt mich zum Wahnsinn.« Er klang amerikanisch, mit einem faszinierenden Akzent, den ich noch nie gehört hatte. Seine sinnliche Stimme war kraftvoll und dynamisch.

Der große junge Mann sah uns an, aber Welby stellte uns nicht vor. Die Miene des jungen Mannes drückte Neugierde aus. »Was hast du vor, Gavin?« fragte er.

»Wir gehen im Le Château in Haut-de-Cagnes essen. Magst du nicht mitkommen?«

Er sah mich mit seinen durchdringenden, freundlichen blauen Augen an. »Mal sehen, ob ich es einrichten kann«, sagte er und verschwand in der Menge.

Gavin Welby erklärte uns, das sei John Kennedy, ein Senator aus Massachusetts in den Vereinigten Staaten. Das sagte mir nichts, und ich hatte den Namen schon vergessen, bevor wir zu unserem Haus kamen, um uns zum Essen umzuziehen. Seine Augen aber blieben in meiner Erinnerung haften – mit einer Inständigkeit, die mich selbst überraschte, hoffte ich, ihn an diesem Abend wiederzusehen.

Le Château war in der Tat romantisch und hübsch: eine alte Villa, viel größer als La Bourgade, mit hohen Räumen und einer herrlichen Aussicht auf die wogenden Hügel und Täler von Cagnes. Als wir ankamen, ging soeben die Sonne unter; ihr Glanz verstärkte das Rosa der gedeckten Tische. Der Raum war bereits voller Gäste und geschäftiger Kellner, wie es bei einem schicken Restaurant in der Hochsaison nicht anders zu erwarten war.

Als Anne Marie und ich in unseren schlichten, aber eleganten Kleidern in den Speiseraum traten, geriet ich vor Freude in helle Aufregung. Jack – der große Amerikaner aus Antibes – hatte bereits auf einer gepolsterten Eckbank Platz genommen. Ich war unendlich erleichtert, weil ich gefürchtet hatte, er würde vielleicht nicht auftauchen. Aber da war er – er trug einen hellgrauen Anzug und ein offenes weißes Hemd und wirkte auf jungenhafte, schüchterne Art nervös. Ich staunte über mich selbst: Sein Anblick machte mich so glücklich.

»Hallo!« begrüßte Jack uns drei sogleich. Er erhob sich und sah mir offen in die Augen. In diesem Moment geschah etwas. Es war, als sei ein Teil von Jacks Seele direkt in meine gesprungen. Sofort schenkte er mir seine ganze Aufmerksamkeit. Er streckte mir seine Hand entgegen. »Jack Kennedy«, sagte er.

»Gunilla von Post«, erwiderte ich.

Gavin nahm Anne Maries Hand, führte sie zu der Polsterbank und setzte sich neben sie. Jack tat dasselbe mit mir, so daß auch wir zwei Seite an Seite saßen. Als wir Platz genommen hatten, sagte ich zu ihm: »Verzeihung, ich habe Ihren Namen nicht verstanden.«

»*Kennedy! John Kennedy!*« wiederholte er um vieles lauter, aber eher amüsiert als ungehalten.

Als spielerische Retourkutsche fragte er mich, wie ich meinen Namen buchstabierte, dann sagte er: »Ein lustiger Name. Klingt wie Gorilla, dabei sind Sie so klein und zierlich und hübsch, ich denke, ich werde Sie so nennen!« Gesagt, getan. Von da an hieß ich bei ihm oft »Gorilla«.

Ich war schon etlichen Amerikanern begegnet, aber noch keinem wie diesem. Die Amerikaner, die ich kennengelernt hatte, besaßen gewiß denselben Elan und dieselbe Neugierde wie John Kennedy, aber nicht annähernd seine Unbekümmertheit. Er war direkt, offen und mit sich im Einklang. Er war *voll da*, wenn man ihn ansah. Mir war, als würden wir uns schon lange kennen.

Ich fragte ihn: »Was ist aus Ihrer Freundin geworden, der italienischen Contessa?«

Mit jungenhaftem Lächeln und gesenktem Blick erwiderte er: »Ich weiß nicht. Ist mir auch egal. Ich bin jetzt hier, mit Ihnen.«

Für den Rest des Abends verschwanden alle anderen. Ich weiß, daß wir gelegentlich mit Anne Marie und Gavin sprachen, aber ich erinnere mich nicht, was wir gesagt haben. Jack und ich schienen uns selbst zu genügen. Sein durchdringender Blick und das fesselnde Strahlen seiner blauen Augen machten es uns unmöglich, etwas anderes zu tun, als uns unentwegt anzusehen.

Jack rückte näher an mich heran und beugte sich zu meinem Ohr, statt seine Stimme über den Geräuschpegel des Restaurants zu erheben. »Sind Sie zum ersten Mal in Frankreich?« fragte er.

»Nein. Vor ein paar Jahren hat Baron Jan de Greer, der Vorsitzende des schwedischen Roten Kreuzes, mich nach Marseille geschickt, wo ich in einem Krankenhaus für Waisenkinder gearbeitet habe, aber dann wurde ich krank und mußte vorzeitig nach Hause«, sagte ich. »Mein Gesundheitszustand ist etwas labil, aber ich habe einen starken Willen!« Ich staunte selbst über meine Worte. Warum konnte ich mich so zwanglos mit einem Mann unterhalten, den ich kaum kannte? Wahrscheinlich lag es daran, daß Jack alles so einfach aussehen ließ.

Er hörte aufmerksam zu, und ich sprach über alles mögliche. Wenn er Fragen stellte, schien er aufrichtig an den Antworten interessiert.

Wir unterhielten uns sehr viel übers Reisen. Jack war überall gewesen. Meine Eltern hielten Reisen für die beste Bildung, weshalb ich gleich nach meinem sechzehnten Geburtstag zu einer Familie nach Lausanne geschickt worden war und später nach Schottland, wo ich in Seggieden zu Gast war, einem Schloß bei Perth, in dem der große, einnehmende

Jimmy Drummond-Hay und seine Gattin Lady Margaret Douglas-Hamilton das Regiment führten.

»Lady Margaret war für ihre Stallungen berühmt«, erzählte ich. »Ich bin dort auf den Ponys geritten. Ich bin gesprungen. Ich weiß das englische Wort dafür nicht.« Ich aß ein kleines Stück Brot zu meiner *soupe au pistou.*

Jack sah mir amüsiert zu, wie ich, eine kleine Frau, mit solchem Appetit aß. »Und sind Sie danach heimgefahren?«

»Hm, nein. Das heißt, gewissermaßen doch. Ich fuhr zum Douglas Castle an der englisch-schottischen Grenze und wohnte bei dem alten Earl of Home und Lady Home. Man spricht es ›hume‹ aus, aber es schreibt sich ›home‹, also Heim.«

Jack nickte. »Ich weiß. Ich kenne ihren Sohn William. Er ist Schriftsteller. Und sein Bruder Alex ist in der Politik.«

»Ja.« Alex Douglas-Home war in der Tat Politiker und sollte zehn Jahre später englischer Premierminister werden. »Und ich kenne auch den dritten Bruder, Henry, und die Schwester, Bridget.«

Unsere Hauptgerichte wurden aufgetragen. Wir hatten beide *sole meuniere* bestellt, eine Spezialität des Hauses.

Jack sah mich an. Tiefe Gefühle regten sich zwischen uns. Schließlich senkte er den Blick und begann, seinen Fisch zu essen.

»Gut?« fragte ich.

Wieder sah er mich an. »Köstlich«, sagte er. Ich war aufgeregt, einfach, weil ich in seiner Nähe war. Er war ein so eindrucksvoller, anziehender Mann, und es fiel mir schwer zu leugnen, daß ich mich immer stärker zu ihm hingezogen fühlte.

Als er mich fragte, wie Anne Marie und ich Gavin kennengelernt hatten, kehrte meine Schüchternheit zurück. Ich erzählte ihm, daß wir per Anhalter gefahren waren.

»Aha. Und wie haben Sie das gemacht?« fragte er.

Ich hob die Hand und spreizte den Daumen ab. »So«, sagte ich. Meine nordischen Tanten und Onkel hätten mir wohl streng ihre Mißbilligung bekundet, doch Jack fand es spaßig und gratulierte mir zu meiner Unternehmungslust. Er flüsterte mir ins Ohr: »Das ist eigentlich nicht Gavins Stil. Er sieht aus wie ein Playboy, aber im Grunde ist er konservativ.«

»Das glaube ich auch«, flüsterte ich zurück. »Er hat uns die Leviten gelesen. Er sagte, zwei nette Mädchen wie wir könnten dabei in schreckliche Schwierigkeiten geraten. Worauf ich ihm unsere verzweifelte Lage schilderte. Er war so freundlich, daß ich beinahe einen Knicks gemacht hätte.« Ich hatte es unterlassen, weil ich drei Jahre zuvor am schwedischen Hof Prinzessin Sibylla vorgestellt worden war, und als ich in den Hofknicks sank, gab mein Knie ein so lautes *Knacks!* von sich, daß ich glaubte, es würde durch den ganzen Empfangssaal hallen. Ich wurde rot. Prinzessin Sibylla sah zu mir herunter und lächelte. »Aber, aber, meine Liebe«, sagte sie in ihrem gebrochenen Schwedisch, »das war doch nicht schlimm, nein?« Es war aber schlimm. Und es kurierte mich vom Knicksen.

Das Licht draußen war fast verblaßt, und die Kronleuchter strahlten jetzt stärker. Jack konnte sich nicht zurückhalten, mir seine Zuneigung zu zeigen, und ich konnte mich nicht zurückhalten, ihn anzulächeln. Er nahm meine Hand, schenkte Wein nach und sah mir direkt in die Augen. Er strahlte großen Enthusiasmus aus, als sei im Leben alles möglich.

Ich hatte das starke Gefühl, daß sich unter unserem leichten Geplauder etwas Tieferes, Vertraulicheres anbahnte. Jack sprach von dem Kennedy-»Clan« am Meer und erzählte von seiner Familie – seiner Mutter Rose, seinem Vater Joe, von Joe junior, der im Krieg gefallen war, und seinen zwei anderen Brüdern, Bobby und Teddy. Ich gestand ihm, daß ich mich immer ein wenig von meiner jüngeren Schwester Ewa unterdrückt gefühlt hatte, die so lebhaft und klug war, und er bekannte, daß es für ihn ein Problem sei, im schleichenden Schatten seines toten Bruders zu leben. Jack war verzweifelt bemüht, seinen Vater zufriedenzustellen – genau wie ich meinen Pappa, der »Olle« gerufen wurde, und meine Mutter Brita zufriedenstellen wollte, die beide sehr strenge Ansprüche in punkto Verhaltenskodex hatten, so daß ich nie sicher war, ob ich sie erfüllen konnte. Ich begriff allmählich, daß dieser jungenhaft wirkende Mann eine schwere Last auf seinen Schultern trug.

Einige von meinen Freundinnen interessierten sich neuerdings für Astrologie und Tierkreiszeichen. Zwar machten sich manche Leute darüber lustig, doch man hatte mir gesagt, es sei eine uralte Wissenschaft, und ich war fasziniert davon. Ich fragte Jack nach seinem Geburtsdatum.

»Ich bin am 29. Mai 1917 um drei Uhr nachmittags geboren. Und Sie?«

»Ich? Am 10. Juli 1932. Am heißesten Tag des Jahres. Und es gab keine Klimaanlage. Meine arme Mutter!«

Jack lächelte. »10. Juli. Meine Schwester Eunice hat auch am 10. Juli Geburtstag. Sie hat diesen Mai geheiratet.«

Ich fand es interessant, daß er vorher keine Schwestern erwähnt, sondern nur von seinen Brüdern gesprochen hatte. Erst viel später erfuhr ich, daß seine Eltern neun Kinder hatten. Aber ich hakte nicht nach. Ich fragte mich jedoch, da Jack Zwilling war und ich immer gehört hatte, daß Zwillinge zwei verschiedene Persönlichkeiten in sich vereinten, welche Persönlichkeit ich wohl vor Augen hatte. Und ich fragte mich weiter, wenn seine Schwester und ich das Sternzeichen Krebs und exakt dasselbe Geburtsdatum hatten, ob es wohl eine Art mystische Übereinstimmung zwischen ihm und mir gab. Ich formulierte es so:

»Haben Sie Ihre Schwester Eunice gern?«

»Ich liebe Eunice«, sagte er.

»Glauben Sie an Bestimmung? An das Schicksal?« fragte ich.

Er lächelte leichthin. »Oh, ich denke, meine Bestimmung ist die, die mein Vater wünscht.«

Wie um das Thema zu wechseln, schob er mir sanft eine Haarsträhne aus den Augen, und ich war froh über das Kerzenlicht, denn ich errötete. Als ich ein kleines Kind war, hatte mein Vater mir den Spitznamen Napoleona gegeben, weil mir eine Napoleonslocke immerzu mitten auf die Stirn fiel. Pappa hatte die Gewohnheit, mich anzulächeln und das Haarbüschel zur Seite zu streichen. Als Kind wußte ich, daß dies ein Zeichen von Zuneigung war, und als junge Frau, in der sich zum erstenmal die Liebe regte, wußte ich, daß Jacks schlichte Geste dasselbe bedeutete.

Nach dem Essen gingen wir alle in Jimmy's Bar direkt gegenüber. Es war ein beliebter Nachtclub, sehr elegant, mit einem Orchester und einer Tanzfläche im Freien. Als wir hinkamen, spielte die Kapelle, und Jack forderte mich zum Tanzen auf.

Als er seine Arme um mich legte, fühlte ich, wie sein Körper starr wurde. Er schloß die Augen und schien sich auf gleichmäßiges Atmen zu konzentrieren.

»Vielleicht sollten wir lieber nicht tanzen, Jack«, schlug ich vor.

Er lächelte und schien seine Schmerzen durch Willenskraft zu bezwingen. »O doch, wir werden tanzen!« sagte er und drehte mich langsam herum. Ich war Zeugin seiner Rückenprobleme geworden, der chronischen Krankheit, unter der er sein Leben lang zu leiden hatte und die man bei seiner überschäumenden Persönlichkeit nie vermutet haben würde. Aber er wollte es mich nicht merken lassen. Mit jedem Stück, das die Musiker spielten, drückte er mich fester an sich, und es war, als würden die Schmerzen jedesmal weiter fortrücken.

Er führte mich nach draußen. Jetzt waren wir unter den Sternen, und ich hatte das Gefühl, hinaufreichen und sie anfassen zu können. Die Luft war erfüllt von Mimosenduft, der so typisch ist für die Côte d'Azur. Das Orchester stimmte eine bekannte Melodie an, die in Moll begann und in der Mitte zu schönen Dur-Akkorden wechselte. Mit halb geflüsterter, heller Baritonstimme begann Jack zu singen, ein bißchen falsch, aber charmant.

»*I love Paris in the springtime* ...«

Er drückte mich noch fester an sich und flüsterte mir ins Ohr: »Lieben Sie Paris?«

Ich sagte: »Ich bin nie dort gewesen, aber ich möchte gern hin. Mein Französisch wird immer besser. Mein Englisch übrigens auch.«

Ich schloß die Augen und lächelte, während Jack mich in seinen Armen hielt, und gab mich dem Traum von einem wunderbaren Leben mit diesem charismatischen Amerikaner hin. Er sagte: »Ich habe das Gefühl, mit einer der aufregendsten, bezauberndsten Frauen der Welt zu tanzen, und ich bin sehr glücklich.«

Um zwei Uhr morgens tanzten wir immer noch, und ich hätte ewig so weitertanzen mögen, doch Jack schlug vor, daß wir vier nach Eden Roc bei Cap d'Antibes fuhren, wo seine Familie ein Anwesen besaß.

Ich weiß, daß Gavin und Anne Marie mit uns kamen, doch wieder erinnere ich mich nicht, was sie taten oder wo sie waren. Als wir nach Eden Roc kamen, setzten Jack und ich uns an den Klippenrand, und zum erstenmal in dieser Nacht schwiegen wir gemeinsam. Der leichte Wind zauste mein Haar, das Meer spritzte unten an die Felsen, und die Sterne leuchteten am Himmel. Jack saß neben mir, ganz nahe. Es war, als seien wir zwei eins in der Welt.

Er drehte sich zu mir und küßte mich zärtlich, und es nahm mir den Atem. Der Schein von Mond und Sternen ließ seine Augen blauer wirken als das Meer unter uns. Er brach das Schweigen und sagte leise: »Ich habe mich heute nacht in dich verliebt.«

Ich machte den Mund auf, konnte aber nicht sprechen. Ich blickte fort, hinunter aufs Meer.

»So ist es mir erst ein einziges Mal ergangen«, sagte er. »Vor fünf Jahren habe ich mich auf den ersten

Blick in Grace Kelly verliebt. Soeben ist es wieder geschehen.«

Ich schauderte im warmen Wind.

Jacks Blick kehrte sich von mir ab und richtete sich auf eine Stelle weit jenseits des Horizonts. »Ich muß dir etwas sagen.« Er rieb nervös seine Wange. Seine Hand und seine Stimme zitterten. Er sah deprimiert aus und klang bedrückt.

»Ich kehre nächste Woche in die Vereinigten Staaten zurück, um zu heiraten«, sagte er.

Mein Schaudern verwandelte sich in Frösteln. Ich zog meinen Seidenschal eng um meine Schultern.

»Hätte ich dich nur eine Woche früher kennengelernt«, fuhr Jack fort, »dann hätte ich die ganze Sache abgeblasen.«

Ich sah ihn an. Einen solchen Gesichtsausdruck hatte ich den ganzen Abend nicht an ihm gesehen. Er blickte niedergeschlagen und traurig drein. Es gab keine Worte, um die emotionale Spannung in der Luft zu beschreiben.

Ich war den Tränen nahe, doch ich bewunderte ihn für seine Aufrichtigkeit. Er hätte es ja ebensogut unerwähnt lassen können. Ich stand von dem Felsen auf und sagte: »Das war's dann wohl.«

Ich fragte nicht, wer sie war oder warum er eine Frau heiratete, die er offenbar nicht liebte. Wir gingen langsam zurück zu seinem Auto, und er fuhr mich nach Hause.

Wir hielten vor dem Haus in Haut-de-Cagnes. Zum Eingang ging es eine kurze, geschwungene Steintreppe hinauf, die, einem blättrigen Kokon gleich, von Gebüsch umschlossen war. Die Sträucher waren dicht, dennoch konnte man zwischen ihnen hindurchsehen aufs Mittelmeer. Der Mond schien noch hell. Er schimmerte weit unten auf dem Wasser und warf Sprenkel auf Jacks Gesicht, das im Halbdunkel lag. Über mich gebeugt, die Hände sacht auf meinen Schultern, fragte er: »Darf ich auf einen Schlummertrunk mit hineinkommen?«

»Nein, mein lieber Jack«, sagte ich.

Er bat noch einmal, diesmal eindringlicher. »Gunilla, es war so ein wunderbarer Abend. Darf ich noch ein wenig bleiben?«

»Aber du wirst abreisen, um zu heiraten«, sagte ich. »Und ich möchte dir nur viel Glück wünschen und daß sich für dich alles zum Guten wendet.«

Er widersprach nicht. Seine Augen sagten, daß er verstand. Er gab mir noch einen langen, leidenschaftlichen Kuß und ging.

Ich schloß die Tür und wartete. Ich zog die Gardine beiseite und sah hinaus, dann ließ ich sie zurückfallen und lauschte, als er seinen Wagen anließ. Das Motorengeräusch verklang in der Nacht.

Dann weinte ich.

Ich war außer mir, fühlte mich vollkommen verloren. Ich vermißte ihn schrecklich; denn ich wußte, daß wir zusammen hätten glücklich sein können. Doch in der ersten Septemberwoche bekam ich Halsweh, gefolgt von hohem Fieber. Ende der Woche kam ich ins Krankenhaus, und man diagnostizierte Typhus; ob ich ihn mir vom Wasser oder vom Essen in Südfrankreich geholt hatte, konnte niemand sagen. Dank Penicillinspritzen im Krankenhaus und anschließender Erholung in La Californie in Cannes klang das Fieber ab, doch ich blieb sehr schwach.

In jenem September sah ich die Hochzeitsphotos in den Illustrierten. Die Hochzeitsfeier war beeindruckend, mit den vielen Damen in fließenden weißen Kleidern und mit Blumensträußen in den Händen. Jacks Bruder Bobby war Trauzeuge, und Lee, die Schwester der Braut, war Brautführerin. Jacqueline Bouvier war sehr attraktiv und elegant, aber sie und ich waren so verschieden, zumindest äußerlich. Ich betrachtete ihr Gesicht und konnte nicht verstehen, warum Jack gesagt hatte, er liebe mich, und trotzdem eine Frau mit so dunklen Haaren heiraten konnte, während ich doch so blond war.

Ich dachte auch: »Das hätte ich sein können«, und dann schalt ich mich für diesen Gedanken. »Es war nur ein Kuß. Es ist aus, Gunilla, aus und vorbei. Du kannst nicht dauernd einem unmöglichen Traum nachweinen. Los, nimm dein Leben wieder in die Hand.«

Ich blieb eine Woche in Paris, versuchte zu genesen, und Ende des Monats flog ich zurück nach Stockholm. Ich hatte für den Flug die Touristenklasse gebucht, aber zufällig war Claes Braunerhjelm, mein Vetter zweiten Grades, in der ersten Klasse, und er verkündete der Stewardeß: »Meine Cousine hat Typhus, und sie muß sich zu mir setzen.« Das tat ich, und sämtliche Passagiere der ersten Klasse standen auf und flüchteten nach hinten!

Bei meiner Rückkehr nach Schweden mußte ich noch einmal ins Krankenhaus; eine Herzmuskelentzündung schwächte mich für lange Zeit. Ich fürchtete schon, daß ich nie ein normales Leben führen, daß ich keine Kinder bekommen könnte, doch mein Arzt, Dr. Börje Ejrup, versicherte mir, daß ich mit viel Ruhe, guter Ernährung, Zeit und Geduld wieder ganz gesund werden würde.

Langsam besserte sich mein Zustand, und mein Leben ging weiter. Es war ein gutes Leben, nachdem das Fieber fort war. Es gab Feste und ein paar Verehrer, doch Jack hatte mich verändert. Verabredungen und Freunde bekamen jetzt einen anderen Stellenwert. Mit Jack war ich dem Wahren, Echten nahegekommen, und andere Männer verblaßten neben ihm.

Noch Mitte der 50er Jahre pflegten die Schweden unserer Kreise einen Lebensstil, der dem des neunzehnten Jahrhunderts entsprach. Als junges Mädchen unternahm ich nur selten Abstecher in die öffentliche

Gesellschaft. Traditionsgemäß beschränkte sich das Gesellschaftsleben auf Privathäuser. Man erhielt von den Eltern von Freundinnen oder Schulkameradinnen eine Einladung zu einem *thé dansant* (später wurde dabei Wein getrunken), gewöhnlich an einem Sonntagnachmittag, alles sehr förmlich. Ich besuchte eine Mädchenschule, und die Jungen besuchten Knabenschulen, weshalb eine gemischtgeschlechtliche Zusammenkunft sorgsam arrangiert werden mußte. Es gab zu essen und vielleicht einen Klavierspieler, dann wurden die Teppiche aufgerollt, und alles tanzte – in Anzügen und braven Kleidern. Dies war bis zum achtzehnten Lebensjahr praktisch die einzige Gelegenheit, Jungen zu treffen.

Ich lernte einige kennen, darunter einen netten Deutschen, Wolf-Manfred von Richthofen, den Neffen des legendären Bomberpiloten, des »Roten Barons«. Er brüstete sich damit, daß sein Vater mehr Flugzeuge abgeschossen hatte als sein berühmterer Onkel. Doch diese stolze Behauptung konnte mich nicht dazu verleiten, mich in ihn zu verlieben.

Einige Monate nach meinem achtzehnten Geburtstag hatte ich einen Verehrer namens Berth von Kantzow. Er war schwedischer und österreichischer Abstammung und lebte in Brasilien. Er kam aus einer alten Familie, und sein Vater war ein guter Freund meiner Eltern. Er hielt um meine Hand an. Ich hatte ihn sehr gern, aber ich war noch keine neunzehn. Meine

Großmutter mütterlicherseits, Karin Elmér, die so verschieden von meiner Mutter war wie ein Glas Limonade von einem Glas Schnaps, sagte mir später, was sie von Berth hielt. Großmutter Karin schrieb Gedichte und galt als exzentrisch. Ich war von ihr hingerissen. Sie und mein Großvater hatten ein Haus an der Westküste, und Berth nahm dort an einem Fest anläßlich meines neunzehnten Geburtstages teil. Als man ihm ein Glas Champagner anbot, sagte er:»O nein, danke. Kann ich etwas Alkoholfreies haben?« Und meine Großmutter flüsterte mir rasch zu:»Nein, nein, Gunilla, er ist sehr nett, aber er ist *nicht* der Richtige für dich.«

Nun fragte ich mich langsam, ob ich jemals »dem Richtigen für mich« begegnen würde. Keiner hatte mir soviel bedeutet wie Jack.

Doch ich liebte das gesellige Leben, und weil ich es genoß, auszugehen, nahm ich nach meiner Rückkehr nach Schweden etliche Einladungen an. Es gab Feste, Teegesellschaften, Bälle und dann das übliche festliche schwedische Weihnachten – Schlittenfahrten im eisigen Schnee, Glühwein, Familie und Freunde. Ich versuchte, nicht an Jack zu denken, aber ich dachte trotzdem an ihn, weil ich wußte, daß das, was uns verbunden hatte, mehr war als nur ein Kuß. Die praktische Seite von mir erklärte lauthals, daß John Kennedy eine aussichtslose Sache sei. Doch ich konnte ihn mir nicht aus dem Herzen reißen.

In der ersten Märzwoche des folgenden Jahres, bevor die Schneewehen im Frühjahrstauwetter zu schmelzen begannen, kam ich eines Tages in unsere Stockholmer Wohnung am Styrmansgatan, und als ich die weißen Schneeflocken von meinem Mantel klopfte, trat meine Mutter aus dem Wohnzimmer und gab mir einen Brief. »Der ist heute angekommen«, sagte sie. »Aus Amerika. Washington.«

Ich sah auf den Umschlag, abgestempelt am 2. März 1954, und dann auf den handgeschriebenen Absender in der oberen linken Ecke: RM 362, JFK, Senate Office Bldg., Washington, D.C.

Ungläubiges Staunen. JFK? Einen Augenblick lang fragte ich mich, ob dieser JFK jemand anders sei. Aber nein. Nicht, wenn er dem Senat in der Hauptstadt der Vereinigten Staaten angehörte. Mein Herz hämmerte so laut, daß ich überzeugt war, Mamma könne es hören.

Langsam und vorsichtig öffnete ich das Kuvert.

Er fragte, ob ich mich an unser Zusammensein in Cagnes erinnerte. Zum Schluß schrieb er, daß er gedenke, im September »nach Frankreich zurückzukehren ... Wirst Du dort sein?«

Liebesbriefe

*J*ch war erstaunt und überglücklich, daß Jack mir geschrieben und weder Zeit noch Mühe gescheut hatte, um unsere Stockholmer Adresse ausfindig zu machen. Ich war fest entschlossen, ihm zurückzuschreiben, doch unterdessen hatte er sich auch unsere Telephonnummer besorgt und rief in unserer Wohnung an, leider, als ich nicht zu Hause war. Meine Mutter war da und sprach mit ihm. Selbstverständlich richtete sie mir seine Anrufe aus, wollte sich jedoch nicht näher äußern. Sie sagte lediglich: »Dein Mr. Kennedy ist sehr charmant.« Als ich fragte, worüber sie gesprochen hatten, sagte sie: »Wir haben über dich gesprochen. Aber nicht ausschließlich.«

Am Dienstag darauf verpaßte ich ihn abermals. »Er ist sehr beharrlich«, sagte Mamma lächelnd. »Das ist schon sein dritter Anruf.«

»Mamma«, meinte ich vorwurfsvoll, »hättest du ihn doch nach seiner Telephonnummer gefragt, ich würde ...«

»Liebes, ich habe ihn gefragt. Er sagt bloß, daß er wieder anrufen wird.« Meine Mutter war sehr gewissenhaft, daher wußte ich, daß sie die Wahrheit sprach. Als ich mich schließlich hinsetzte, um ihm zu schreiben, rief er mitten im Brief an!

»Gunilla? Bist du's?« Die Fernverbindung knackte und rauschte, aber ich erkannte deutlich den New-England-Akzent. Mich durchströmte dieselbe Wärme wie im August, als ich ihn auf der Bank im Le Château sitzen sah.

»Ja, Jack. Geht es dir gut?«

»Ja, danke.« Er machte eine Pause. Seine Stimme klang zurückhaltend, ein wenig schüchtern. Ich war selig. »Es kann sein, daß ich diesen Sommer wieder nach Europa komme.«

Ich war ganz aufgeregt, als er das sagte. »Das wäre wunderbar«, erwiderte ich.

»Ich würde dich gern wiedersehen, wenn das möglich ist?« Er beendete den Satz wie eine Frage. Ich fand das sehr liebenswert.

»Es ist nicht unmöglich.«

»Nicht unmöglich. Hmm. Immerhin ein Anfang. Meinst du, wir könnten uns in Paris treffen?«

»O ja!« begann ich, dann zog ich die Bremse. Ich wollte ihn unbedingt wiedersehen, aber mein Instinkt warnte mich, fürs erste allzu forsch zu sein. »Das heißt, ich weiß nicht. Ich habe nicht vor, nach Paris zu reisen.«

»Dann an der Côte d'Azur?«

»Ich weiß nicht recht. Ich antworte dir erst mal auf deinen Brief. Ich gebe dir Bescheid.«

»Ich schreibe auch, wenn meine Pläne feststehen. Okay?«

»Okay, Jack.«

»Ich … ich hoffe, es klappt mit dem Wiedersehen. Ehrlich, Gunilla, ich kann es nicht erwarten. Ich war so glücklich an unserem gemeinsamen Abend. Mach's gut.«

So vieles war ungesagt geblieben, aber ich war sehr bewegt, als ich den Hörer auflegte. Ich setzte meinen Brief fort. Nachdem ich, sei es auch nur kurz, mit Jack gesprochen hatte, änderte sich mein Tonfall; er wurde zuversichtlicher. Zum Schluß schrieb ich, bevor ich Pläne mache, müsse ich wissen, wann er käme, weil meine Eltern mit Ewa und mir, Anne Marie und ihrer verwitweten Mutter sowie mehreren Verwandten einen Teil des Sommers für gewöhnlich in Südschweden verbrachten.

Es vergingen nur anderthalb Wochen, dann kam wieder ein Brief. Jack schrieb, er hoffe, Ende August nach Europa zu kommen; er fragte, ob ich sehr beschäftigt sei, und wenn nicht, ob wir uns treffen könnten. Ob ich vorhabe, wieder nach Cagnes zu fahren?

Zum Schluß schrieb er, er denke daran, ein Boot zu mieten. Er träume vom Segeln, »… zwei Wochen im Mittelmeer – mit Dir als Crew.«

Ich ließ meiner Phantasie freien Lauf. Ich sah uns zwei allein auf einer großen, schönen Yacht, weiße Segel flatterten im Wind, das kristallblaue Mittelmeer plätscherte um uns herum. Ich sehnte mich danach, wieder bei Jack zu sein, die intime Nähe zu spüren, die in Cap d'Antibes so erregend gewesen war. Das Boot, das blaue Wasser, Jack und ich allein – eine unglaubliche Vorstellung. Ich vergaß jedoch nicht, daß Jack eine Frau hatte, und ich wußte, daß mein Traum ein verbotener war. Doch jedesmal, wenn ich dieses Bild verdrängte, kam es zurückgeschlichen und verbreitete sich in meinem Herzen.

Und noch etwas machte mir Sorgen: Mein vom Thyphus geschwächter Herzmuskel ließ mich schnell ermüden. War ich agil genug für den flotten Jack Kennedy?

Ich wußte, daß Jack bald wieder schreiben oder anrufen würde, und ich machte mir viele Gedanken darüber, wie sich unser Wiedersehen am besten gestalten ließe. Eins wußte ich mit Sicherheit – ich wollte ihn unbedingt sehen, an welchem Ort auch immer. Ich besprach es sogar mit meiner Mutter und Ewa.

Ewa war etwas jünger als ich, aber gefestigter. Immerhin war sie schon einmal verheiratet gewesen – mit Ernst Linder, Anne Maries Bruder (in unseren schwedischen Familienkreisen sind alle entweder eng vertraut mit den Verwandten der anderen – oder man *ist* miteinander verwandt). Obwohl ihre Ehe von kurzer

Dauer war, hielt ich ihre Meinung zum Thema Wiedersehen mit Jack für kompetenter als meine.

»Eins steht für mich fest: Ihr solltet euch nur auf neutralem Boden treffen«, erklärte Ewa.

Nun, ich hatte nicht vor, nach Amerika zu reisen. Auch nicht an die Côte d'Azur. Die war sein Territorium. Seine Familie machte dort Urlaub. »Er spricht immer von einem Treffen in Paris«, fügte ich hinzu, während mir die Melodie von »I Love Paris« durch den Kopf ging.

Ewa wurde nachdenklich. »Das klingt durchaus vernünftig«, fand sie.

»Wenn Jack so erpicht darauf ist, mich zu sehen, sollte er nach Schweden kommen und meine Familie kennenlernen. Das wäre schicklicher.«

Mamma war nicht besonders freizügig, auch nicht nach schwedischem oder europäischem Standard, und dies war nicht nur eine andere Ära, es war ein anderes Kulturklima. Es bedurfte keiner endlosen Diskussionen, um uns daran zu erinnern, daß Jack verheiratet war. Für meine Familie stand fest: Daß er mir so nachstellte, konnte nur bedeuten, daß es mit seiner Ehe nicht gut lief. Warum oder wieso, darüber dachten wir nicht nach.

Mamma drückte es auf ihre Art aus: »Ich kann nicht behaupten, daß ich es billige, aber wer vermag zu sagen, was richtig ist? Du bist jetzt eine erwachsene Frau, und du wirst tun, was du tun mußt. Aber ich rate dir, es dir gut zu überlegen, bevor du dich Hals über Kopf auf etwas einläßt, nur weil dein Herz es dir befiehlt. Folge deinem Verstand.«

Das würde ein Ringen werden! Ich fürchtete schon jetzt, daß mein Verstand dabei den kürzeren ziehen würde.

Mein Vater, Olof von Post, zog es vor, derartige Diskussionen den Damen des Hauses zu überlassen. Er war fast zwei Jahrzehnte älter als Mamma, und auch ich bevorzugte Männer, die viel reifer waren als ich. Olle, mein Pappa, dessen Stammbaum bis weit in die schwedische Geschichte zurückreichte, war ein sehr kunstsinniger und romantischer Mensch. Ich hatte diese Eigenschaften von ihm geerbt. Pappa verstand von Politik und Ahnenforschung ebensoviel wie von Malerei und Kunst, und wenn er, was oft vorkam, sonntags im Park mit mir spazierenging, machten wir unterwegs bei Kunstgalerien halt. Er hat im Laufe der Jahre auch etliche junge Künstler gefördert.

Meine Mutter war eine stolze Frau ihrer Generation. Pflichterfüllung gegenüber Ehemann und Familie waren für sie selbstverständlich. Sie war eine fabelhafte Gastgeberin, besaß einen außerordentlichen Sinn für Humor und war ganz anders als ihre bohemehafte Mutter. Und obwohl uns eine bestimmte Empfindsamkeit verband, war ich nicht wie sie. Als ich noch nicht volljährig war, hat sich einmal ein Mann, den ich auf einer Teegesellschaft kennengelernt hatte, stark für mich interessiert. Er war ein charmanter, großmütiger Bonvivant. Er lernte auch meine Mutter kennen, und eines Tages sagte er zu ihr, den Blick auf mich gerichtet: »Frau von Post, was glauben Sie, weshalb ist der Apfel so weit vom Stamm gefallen?«

Dieser Unterschied zwischen Mutter und Tochter muß in unseren Erbanlagen begründet sein. Wie ich schon sagte, war Karin, meine Großmutter mütterlicherseits (die bohemehafte, Gedichte schreibende Exzentrikerin, die Männer verachtete, denen alkoholfreie Getränke lieber waren als Champagner), kunstsinnig, witzig und unkonventionell. Zwar zählten viele Adelige zu unseren Vorfahren, doch lernte ich beizeiten, daß dieser Adel sich mit erquicklichem frischem Blut von der Westküste vermischt hatte!

Pappas Vorfahren kamen ursprünglich aus Schaumburg in Deutschland, wo der Name – schlicht Post –, soweit wir wissen, erstmals im Jahre 1205 auftauchte. Die von Posts kamen im siebzehnten Jahrhundert nach Schweden, und die Männer waren vornehmlich Soldaten.

Einer der edleren Abkömmlinge eines anderen Zweigs der Familie war Laurens van der Post, der im Dezember 1996 mit neunzig Jahren starb. Laurens war nicht nur Soldat, sondern auch Forscher und Schriftsteller. Am bekanntesten wurde er wohl als Mentor von Prinz Charles und Pate von dessen Sohn Prinz William.

Gemäß der Familientradition begann mein Vater seine Laufbahn als Offizier beim schwedischen Militär. In den 1930er Jahren sollte ihm eine bedeutende Beförderung angeboten werden, eine Stellung am Königshof, aber Prunk und Pomp waren nicht Olles Sache (ebenfalls ein gemeinsamer Zug von uns). Daher schlug er einen ganz anderen Weg ein und wurde Chef der schwedischen Filiale von Motor Union, einer britischen Kfz-Versicherungsgesellschaft, die in Gamla Stan, der Altstadt von Stockholm, Büros unterhielt. Ich habe mir oft gedacht, daß meine Mutter wohl nichts dagegen gehabt hätte, die Ehefrau eines hochstehenden Offiziers bei Hofe zu sein – doch dafür hatte sie einen zu unabhängigen Geist geheiratet. Das war freilich mit ein Grund, weshalb ich ihn so liebte.

Pappa blieb zum Thema meines Verehrers jedoch nicht vollkommen stumm. Er sprach diskret mit unserem Cousin Eric von Post, der schwedischer Botschafter in Warschau war. Eric hatte, wie mein Vater, einen umfassenden Überblick über die Weltpolitik. »John Kennedy«, sagte er, »ist ein sehr charmanter und ehrgeiziger junger Mann mit einem noch ehrgeizigeren Vater.« Mochte der Tonfall von Erics Äußerung auch unheilvoll gewesen sein, ich ließ mich davon nicht abschrecken.

Ab Mitte Juni rief Jack wieder an. Ich arbeitete beim königlich-schwedischen Automobilclub. Die Büroräume des Clubs lagen neben dem Grand Hotel, das bis heute das führende Luxushotel in ganz Skandinavien ist. Der königliche Automobilclub hat eine imposante Fassade aus roten Ziegeln, und auf dem Dach flattern die Fahnen aller nördlichen Staaten. Die Lage ist großartig, man blickt auf die Flotte von Fährschiffen, die die Menschen zum Archipel im baltischen Meer und zurück befördern, und direkt gegenüber, auf der anderen Seite des Wassers, liegt der Königspalast. Die Arbeit machte mir Spaß, obwohl sie nicht viel mehr erforderte als lächeln, Leute beraten und Broschüren aushändigen. Ich machte meine Sache gut. Ich hatte Jack gesagt, er möge versuchen, mich abends nach der Arbeit anzurufen, aber nicht zu spät. Der Zeitunterschied von sechs Stunden ermöglichte es ihm, von seinem Büro statt von zu Hause aus zu telephonieren.

»Gunilla, meine Liebe.«

Als ich das hörte, wußte ich, daß mein Herz die Oberhand gewann.

»Ich weiß noch nichts Neues über meine Reise. Ich wollte nur deine Stimme hören.« Seine Stimme klang jetzt ruhiger, zuversichtlicher. Unsere Gespräche und Briefe hatten ihm gezeigt, daß unsere Gefühle für einander nicht nur auf Gegenseitigkeit beruhten, sondern zu etwas erblühten, das keiner von uns bremsen konnte.

»Ich finde es auch wunderbar, deine Stimme zu hören«, sagte ich.

»Und ich *werde* nach Europa kommen. Es wird nur ein bißchen später werden. Im Herbst. Meinst du, du könntest an die Côte d'Azur kommen?«

»Hm ...«

»Okay. Wie wär's mit Paris?«

»Vielleicht.« Ich wurde langsam schwach. Ich war so empfänglich für seine eindringlichen Bitten, daß ich fürchtete, ja zu sagen, selbst wenn er Tahiti, Sibirien oder den australischen Busch vorschlug. Doch ich wollte vorsichtig bleiben, deshalb antwortete ich: »Jack, ich muß mir das gründlich überlegen.«

»Du möchtest doch, daß wir uns treffen, nicht wahr?« fragte er in leidenschaftlichem Ton.

»Ja«, antwortete ich rasch. »O ja. Uns wird schon etwas einfallen. Ich schreibe dir morgen. Ich kann es nicht erwarten, dich wiederzusehen.«

Tags darauf nahm ich meinen Füllhalter zur Hand. In diesem langen Brief habe ich Jack eine Anekdote aus meiner Kindheit geschildert: »Erinnerst du dich an meine Freundin Anne Marie Linder? Neulich fiel ihr eine Bemerkung ihres Vaters ein, die er über mich gemacht hat, als ich sieben war: ›Diese Kleine ist gefährlich, sie wird den Männern einmal den Kopf verdrehen!‹« Den Rest des Briefes füllte ich mit Neuigkeiten und ein bißchen Klatsch, doch das Wichtigste war, daß ich im Hinblick auf unseren Treffpunkt ein wenig nachgab. Ich war mutiger, seit ich in Ewa eine Verbündete hatte. »Ich kann noch nichts versprechen«, schrieb ich. »Aber wir könnten es mit Paris versuchen.«

Bei seinem nächsten Anruf sagte Jack: »Ich weiß nicht, ob du noch gefährlich bist, aber ich werde alles daransetzen, es herauszufinden!« Dann schlug er einen Kompromiß vor: Er wolle nach Cap d'Antibes kommen und von da aus nach Paris fahren, um sich dort mit mir zu treffen.

Er konnte wirklich stur sein. Er hielt an der Côte d'Azur fest wie ein irischer Setter an einem Hammelknochen. In dem darauffolgenden Brief wiederholte er seine Pläne, im Herbst nach Europa zu kommen; er bat mich, ihn in Paris oder in Südfrankreich zu treffen, und fügte hinzu, er wollte nicht »durch ganz Europa ziehen« und schon gar nicht auf ein »Wort aus dem Norden warten, das nie kommt«.

Ich schrieb zurück, falls wir alle Einzelheiten regeln könnten, würde ich mich in Paris mit ihm treffen. Wir faßten zunächst den September ins Auge.

Im August erhielt ich einen dringlichen, romantischen Anruf: »Ich sehe überall dein Gesicht, und manchmal erscheinst du mir im Traum. Ich kann dir nicht sagen, wie innig ich mir wünsche, dich zu sehen, aber wenn wir uns treffen, wirst du es merken. Du weißt doch, wie ich mich danach sehne, in Paris zu sein? Nun, ebensosehr sehne ich mich danach, bei dir zu sein.«

Ich wünschte mir, es wäre schon September. Aber am dritten des Monats kam ein Telegramm aus Hyannisport. Jack schrieb, er habe sich am Bein verletzt, und schlimmer noch, er sei im Krankenhaus. Seine Reise müsse neu geplant werden, er werde es in einem Brief erläutern. Das Telegramm endete mit »REISE VERSCHOBEN, BEDAUERE SEHR – JOHN«.

Ich war besorgt, nicht nur, weil Jack sich am Bein verletzt hatte – ich wußte, wie aktiv er war, trotz seiner Rückenprobleme –, sondern auch, weil ich mich so unbändig auf unser Wiedersehen gefreut hatte. Die Vorstellung, daß ich ihn nicht sehen würde, höhlte mich förmlich aus, und meine Enttäuschung war grenzenlos.

Da das Telegramm aus Hyannisport gekommen war, schrieb ich ihm dorthin. Doch ich hörte eine Woche lang nichts, zwei Wochen, einen ganzen Monat. Bis Oktober war ich höchst beunruhigt. Ich bin froh, daß ich erst viel später erfuhr, was wirklich mit Jack geschehen war. Womöglich hatte er sich auch am Bein verletzt, doch tatsächlich war er, gleich nachdem er mir das Telegramm geschickt hatte, nach New York in die chirurgische Klinik geflogen und am Rücken operiert worden. Auf dringliche Fragen antwortete Jack obenhin, er habe sich beim Footballspiel in Harvard einen Riß der unteren Bandscheibe zugezogen, was stimmte, aber er hatte zudem die Addison-Krankheit – eine Nebennierenunterfunktion –, und das wurde geheimgehalten. Es war eine sehr komplizierte Operation, und er hätte sie fast nicht überlebt. Hätte ich gewußt, daß ihm die letzte Ölung verabreicht worden war, wäre ich in Panik geraten. Das blieb mir erspart. Ich erfuhr, daß die Operation zwar einigermaßen erfolgreich verlaufen war, seine Genesung jedoch viele Monate dauern und er sein Leben lang Schmerzen haben würde.

Schließlich, jedoch nicht vor November, kam ein Brief. Jack war nach zwei Monaten immer noch im Krankenhaus und schrecklich betrübt, weil aus seiner Europareise nichts geworden war. Er rechnete damit, noch einen weiteren Monat im Krankenhaus zu verbringen, dann nach Neujahr nach Washington zurückzukehren und bis zu den Kongreßferien im Sommer dort zu bleiben.

Der Brief hatte eine Nachschrift:»... ob Du wohl in die USA kommen könntest?«

Gewöhnlich schickt man einem geliebten Menschen Blumen, Pralinen oder wenigstens einen Genesungswunsch ins Krankenhaus. Ich wollte mich selbst schikken, eine Überfahrt auf dem nächsten Schiff nach New York buchen. Ich wollte an seinem Bett sein, ihm Trost und Zuspruch spenden. Wenn ich so weit für ihn reise – würde ihm das nicht zeigen, wie viel mir an ihm lag?

Statt dessen schickte ich ihm einen langen Brief und versuchte in Worten auszudrücken, was ich empfand. Ich erzählte ihm, wie deprimiert ich war, weil ich nicht bei ihm sein konnte, während er in einer so schrecklichen Verfassung war. Ich schrieb, daß es mir um seinetwillen fast das Herz zerriß und daß ich auf meine Art für ihn betete.

Seine Antwort traf am Heiligen Abend ein. Er schrieb, unter meinem schönen, doch reservierten »Gesicht, das mir keine Ruhe läßt – schlägt ein warmes Herz«. Das war es, was Jack am meisten brauchte. Ein warmes Herz. Er trug so viel Verantwortung auf seinen Schultern – sein Posten im Senat, seines Vaters ungeheure Ansprüche an ihn, sein unerfülltes häusliches Leben. Er brauchte jemanden, an den er sich anlehnen, mit dem er seine Bürde teilen konnte – jemanden, der ihn wegen seiner Schwächen ebenso liebte wie wegen seiner Stärken. Ich glaube nicht, daß irgend jemand in seiner Familie ihm jemals diese bedingungslose Liebe zuteil werden ließ.

Ich wußte in den Tiefen meines Seins, daß dies genau die Art von Liebe war, die ich ihm geben konnte, und daß er sie erwidern würde. Meine Gedanken waren Tag und Nacht bei ihm. Er schien mich so schrecklich zu vermissen, wie ich ihn vermißte. Er fragte, warum ich den Automobilclub nicht veranlaßte, mich in die Staaten zu schicken, um amerikanische Reisende auf die Herrlichkeiten Schwedens vorzubereiten.

Er werde in wenigen Tagen das Krankenhaus verlassen, sich anschließend zur Erholung ein paar Monate mit der Familie in Palm Beach aufhalten und Ende Juli nach Washington zurückkehren. Er hoffe, danach nach Cagnes kommen zu können. Er unterschrieb mit »Dein Jack«.

Ich war gerührt, weil er ständig Cagnes und die Côte d'Azur erwähnte. Ich erinnerte mich noch genau, was ich an der Tür von La Bourgade gefühlt hatte, als er mich ein letztes Mal küßte, mir die Haare aus dem Gesicht strich und ging. So bittersüß jener Augenblick auch gewesen war, mein unbewußtes ausweichendes Verhalten mußte etwas ausgelöst haben. Ich hatte ihn abgewiesen, und so etwas war Jack Kennedy nicht gewöhnt.

Eines Abends rief er an und malte mir aus, wie wir zusammen in Italien am Strand liegen würden. Ich sagte nicht ja und nicht nein, aber ich lernte, auf meinem Standpunkt zu beharren. Ich entdeckte, daß Jack nicht der Mann war, der sich sagen ließ, was er zu tun hatte, doch wenn er glaubte, daß etwas seine Idee gewesen war, so war das etwas anderes. Ich hatte gerade einen amerikanischen Musikfilm gesehen, in dem Donald O'Connor sang: »A man chases a girl until she catches him« – ein Mann jagt einem Mädchen nach, bis sie ihn einfängt. Ein guter Rat.

Am Ende unseres Gespräches sagte er: »Gunilla, wenn du ein Photo von dir hast, schick es mir bitte. Schick mir so viele du kannst. Ich muß dein Gesicht sehen.«

Hatte ich einst blindlings in seine Arme eilen wollen, wo immer er war, so war ich nun mehr denn je entschlossen, unser nächstes Treffen selbst zu arrangieren, ihn zu bitten, im nächsten Sommer nach Schweden zu kommen. Mamma hatte recht. Wenn er unser Wiedersehen so herbeisehnte wie ich, würde er den Ozean überqueren und mich hier besuchen.

Ich schrieb ihm auf Papier mit dem Briefkopf des Automobilclubs, daß ich hoffe, er werde im Sommer ein Schiff nach Europa nehmen, und lud ihn ein, uns in Båstad in Südschweden zu besuchen.

Mitte März traf seine Antwort ein. Er schrieb, er werde Indochina und Formosa besuchen, wenn der Senat im Juli in die Ferien ging, doch zuvor werde er nach Europa kommen. Er war nach wie vor aufs Mittelmeer fixiert und wollte, daß ich ihm einen italienischen Strand vorschlug, wo wir uns ein paar Wochen entspannen und die Brandung beobachten könnten. Er vergaß nie, den Automobilclub zu erwähnen und meinte, »wenn ich eintrete«, ob ich dann seinen Reiseplan ausarbeiten würde? Er versprach, er werde »auf alle Fälle kommen – und Du?«

Im Sommer 1955 arbeitete ich als Empfangsdame im Snäckgärdsbaden Hotel bei Visby auf der schwedischen Insel Gotland. Während ich den Gästen gegenüber die perfekte junge Dame war und auch im Andenkenladen aushalf, schrieb ich zwischendurch einen Brief nach Amerika und schlug Jack vor, meine Freundin Mona Boheman aufzusuchen, die Tochter unseres Botschafters in Washington. Ich schickte ihm auch meine Adresse auf Gotland und versprach, nächstes Mal ein Photo von mir beizufügen, das vor dem Stockholmer Wohnhaus aufgenommen war, und deutete an, auch wenn er nach wie vor auf Südfrankreich oder Italien fixiert zu sein scheine, Schweden habe auch seine Annehmlichkeiten. Ich fügte eine Nachschrift an, weil auch er dies in seinen Briefen gern tat: »Übrigens, Du scheinst anzunehmen, daß es in Schweden kalt und feucht ist. Na, wenn Du uns im August im Süden besuchst, wirst Du sehen, daß es bei uns tatsächlich Sonnenschein und angenehm warme Brisen gibt!«

Als er antwortete, schien sein Entschluß über den Ort unseres Wiedersehens etwas ins Wanken geraten zu sein. Er werde am ersten August in Washington fertig sein und erwäge, um den zwölften herum nach Europa zu kommen. Er schrieb, wenn ich in Schweden sein würde, dann würde er in unser Land reisen, und fügte hinzu, er hoffe, daß wir Strände hätten.

Doch dann kam er unvermeidlich wieder auf Italien zurück und meinte, wenn ich beschlösse, an die italienische Riviera zu fahren, würde er mich dort treffen.

Er schrieb weiter, daß er sich noch nicht mit meiner Freundin Mona Boheman getroffen habe, doch wenn er ihr begegnen würde, wolle er sie fragen, ob sie »eine schöne Schwedin mit einem stillen Lächeln« kenne, die Ende des Sommers 1953 auf einer Anhöhe in Südfrankreich gewohnt habe.

Ich überzeugte ihn schließlich, daß, wenn wir uns überhaupt treffen wollten, es in Schweden sein müsse. Mit einigem Zögern – und den üblichen angedeuteten Klagen über das schwedische Wetter – kam im Juli per Brief die Kapitulation:»Deine Pläne sind meine Pläne«, und er werde für Skandinavien auf die Wärme der Côte d'Azur verzichten, obwohl, schrieb er, ich ihm einmal erzählt habe, daß die Sommer hier»kalt und feucht« seien.

Ich glaube, ich hatte es nicht *ganz* so ausgedrückt, doch wie auch immer, ich war schrecklich aufgeregt über die Aussicht, ihn wiederzusehen. Er schrieb, er plane, am 27. Juli die Schiffsreise anzutreten und dann von Le Havre»nach Schweden und zu Dir« zu fahren. Doch anschließend schlug er abermals vor, falls ich im Spätsommer doch nach Italien wolle, benötige er eine Führung von jemanden vom Automobilclub, vorzugsweise von mir.

Seine Nachschrift lautete:»Und vergiß das Photo nicht.« Ich ging augenblicklich in ein Photogeschäft und ließ einen Abzug von einem Bild machen, das vor Styrmansgatan aufgenommen worden war, und schickte es ihm zusammen mit einem Schnappschuß von Visby, dem Ort, wo ich im Sommer arbeitete.

Mitte Juni kam seine Antwort. Er dankte mir für das Bild von Visby und, fügte er hinzu,»für Deine Photographie, die mir am besten gefällt«. Seine Pläne hatten sich schon wieder etwas geändert, und er wollte entweder mit der *Ile de France* kommen, die am 29. Juli ablegte und am 5. August ankam, oder mit der *United States*, die am 10. August landete. Mit Worten, die mir wieder zu Herzen gingen, schloß Jack, wenngleich er fürchte, es könne »ein weiter Weg sein zu Gunilla – es lohnt sich«.

Ich war jetzt fest davon überzeugt, daß nichts uns voneinander fernhalten konnte – nicht der weite Atlantische Ozean, nicht Jacks häusliche Situation, nicht die Anforderungen seines Berufes. Im tiefsten Inneren wußte ich, daß es uns bestimmt war, zusammenzusein.

Selbst mit dieser Überzeugung war es mir fast unmöglich, mich zu entspannen, so sehr sehnte ich mich nach ihm. Wenn das Telephon klingelte, erstarrte ich vor Anspannung, und wenn es nicht Jack war, war ich enttäuscht. Doch oft genug war es Jack, und oft genug wartete ein Brief auf mich, wenn ich nach Hause kam. Ich las viele von ihnen mehrmals und genoß die Worte, die er zu Papier gebracht hatte, wußte aber, daß die wahre Bedeutung zwischen den Zeilen stand.

An einem kühlen, aber sonnigen Junimorgen lief ich zu unserem Briefschlitz in der Haustür. Unter den Umschlägen auf dem Parkettboden war einer, der mich frohlocken ließ. Die inzwischen vertraute Handschrift und die amerikanischen Briefmarken waren hübsch anzusehen. Ich riß den Umschlag in der Diele auf. Jack schrieb, auf dem Schnappschuß, den ich ihm geschickt hatte, sehe ich »gesund und glücklich« aus.

Der Kongreß gehe am 5. August in die Ferien. Er habe schließlich doch die Überfahrt auf der *United States* gebucht, die am zehnten in Le Havre einlief. Er werde am zwölften in Schweden sein, schrieb er, und bat mich, meine Adresse in Båstad (das er »Bastaad« buchstabierte) zu bestätigen.

Er schrieb, in Washington habe es 38 Grad. Er schloß mit den Worten, er könne »es nicht erwarten, aufzubrechen und meine schwedische Freundin zu sehen«.

Schweden

ast zwei Jahre waren vergangen, seit ich Jack begegnet war. Bis zum Juni 1955 hatte er mir zahllose Briefe geschickt und mich mindestens doppelt sooft angerufen.

Im Juli kam wieder ein Anruf: »Es ist so gut wie sicher, daß ich in der ersten Augustwoche auf der *United States* abreisen werde. Wenn ich es ganz genau weiß, gebe ich dir Bescheid.«

»Ich hoffe, es bleibt dabei, Jack. Einen weiteren Aufschub halte ich nicht aus. Wie geht es dir? Ich meine gesundheitlich?« Er antwortete zunächst mit dem üblichen Optimismus. »Keine Sorge. Es geht mir besser.« Doch dann veränderte sich seine Stimme. Ich hatte oft genug mit ihm gesprochen, um zu wissen, daß er jetzt etwas über sich sagen würde, das er lieber nicht preisgegeben hätte. »Ich – du solltest wissen, daß ich ab und zu Krücken brauche, aber das wird schon wieder.«

Es tat mir in der Seele weh. Aber ich mußte ihn fragen: »Hast du Schmerzen, Jack?«

Schweigen. Dann:»Hin und wieder. Aber es ist nicht so schlimm. Wenn ich an dich denke, habe ich überhaupt keine Schmerzen.«

Da, er hatte es wieder geschafft! Hatte mir das Gefühl gegeben, etwas Besonderes zu sein.»Oh, Jack ...« Sehen konnte er mein Lächeln nicht, aber hören konnte er es gewiß.

Er fügte hinzu:»Weißt du, Gunilla, wir werden wohl beide ein bißchen nervös sein. Es ist eine ganze Weile her.«

Ich stimmte zu, wagte aber nicht, ihn wissen zu lassen, wie nervös ich tatsächlich war.

»Aber ich muß dich sehen. Unbedingt.«

»Ich dich auch, Jack.«

»Ich kann es kaum erwarten. Ich schicke dir die Ankunftsdaten, sobald ich sie weiß.«

»Schön. Paß gut auf dich auf, Jack. Wiedersehen. Ich umarme dich.«

»Wiedersehen, meine Gunilla.«

Die Leitung war tot. Ich blieb am Telephon sitzen, den Klang seiner Stimme noch im Ohr, und fragte mich, wie er wohl aussehen mochte, stellte mir vor, wie er mich in seinen Armen hielt, seine Lippen auf meinem Mund. Ich ging zu Bett und träumte.

Am nächsten Morgen schickte ich ihm die Anschrift von Sjöstugan in Båstad, wo wir uns jedes Jahr im August aufhielten. Ich erklärte ihm, sobald ich ganz sicher sei, daß seine Kabine auf dem Schiff gebucht war, würde ich Hasse Bratt, dem Geschäftsführer des Hotels Snäckgärdsbaden, meine Kündigung einreichen, die Insel Gotland verlassen und für eine Woche nach Stockholm fliegen, bevor wir uns in Båstad trafen.

Doch Jack, selbstsicher und entschlossen, wie er war, nahm einfach an, daß ich seine Pläne als vollendete Tatsache akzeptieren würde – denn er schickte mir seinen Brief mit der Bestätigung direkt nach Styrmansgatan 45! Wie üblich buchstabierte er es nach eigenem Gutdünken (»Skyransgatan«), und wie üblich kam der Brief trotzdem an. Mamma las ihn mir am Telephon vor.

Er schätzte, daß er am zwölften in Schweden ankommen werde. Er werde einen Freund mitbringen, einen Mr. MacDonald, und bat mich, zwei Zimmer für sie zu buchen. Er schrieb, er könne mein Schwedisch nicht deutlich entziffern, aber er wisse, daß er mich finden werde, wo auch immer ... »dessen bin ich *sicher*. Bis wir uns wiedersehen – Jack.«

Ich marschierte geradewegs in Herrn Bratts Büro und kündigte. Er sah mich streng an und klagte, daß ich die Kündigungsfrist nicht eingehalten habe. Ich konnte Hasse Bratt sehr gut leiden; er sah aus wie Richard Burton und hatte denselben Charme. Ich tischte ihm eine kleine Notlüge über meine Gründe auf, weshalb ich aufhörte (natürlich sagte ich nicht, weil ich mich mit meinem Amerikaner aus Boston

treffen würde!), und weil ich so aufgeregt und so glücklich war, schlang ich meine Arme um ihn und sagte:
»Sie sind wunderbar, Herr Bratt!« Seine Enttäuschung
schwand, und er sagte, ich habe meine Sache sehr
gut gemacht. Er gab sogar ein Abschiedsfest für mich.

Danach brach ich unverzüglich nach Stockholm
auf, um weitere Sommerkleider einzupacken. Ich rief
bei dem großen Hotel Skånegården in Båstad an,
um zwei Zimmer für Jack zu reservieren; sie sagten
mir, sie seien ausgebucht, wollten mich jedoch vor-
merken, falls eine Stornierung erfolge. Eine Woche
später war ich auf dem Weg nach Båstad zu meiner
Familie.

Båstad ist sehr schön, auch dann, wenn es kalt
und regnerisch ist (Jacks ständige Befürchtung). Es
liegt auf einer kleinen Halbinsel im Südwesten von
Schweden, die in den Ozean oder vielmehr in den
Kattegat hineinragt, einen Meeresarm der Ostsee zwischen Schweden und Dänemark, nur gut hundertzehn
Kilometer von Stockholm entfernt. Im Juli wird hier
nach wie vor der Davis-Cup ausgetragen, in der Nähe
von Sjöstigan, hoch über einem Panorama aus Segel-
booten, die sich von der glitzernden blauen See ab-
heben.

Im August war das Turnier vorbei, und die vielen
Menschen waren abgereist, aber ein Nachhall der
Aufregung hing noch in der Luft. Als ich die Berge
und das Wasser darunter betrachtete, kam mir der

Gedanke, daß diese Landschaft der italienischen oder französischen Riviera nicht unähnlich ist und daß wir dank meines Beharrens, daß Jack sich zu mir begab, statt sich in Südeuropa mit mir zu treffen, beide bekamen, was wir uns wünschten.

Ich reiste sogleich weiter nach Sjöstugan, was wörtlich »Seehaus« bedeutet. Sjöstugan wurde um 1910 erbaut, und sein Stil ist der schwedischen ländlichen Architektur bis zurück ins 18. Jahrhundert nachempfunden – ein stattliches großes Steinhaus, von Rasenflächen und Rosengärten umgeben, mit einer großen säulenbestandenen Terrasse, die aufs Wasser hinaussieht. Es gehörte unserer alten Freundin Vera Leijonhufvud; wir mieteten uns seit vielen Sommern bei ihr ein. Auch die Linders weilten jeden August dort. Anne Marie und ihre Mutter, die Witwe von General Linder – die wir Tante Wiveka oder »Generalskan« nannten –, waren schon eingetroffen, als ich ankam. Sobald ich mich eingerichtet hatte, rief ich im Skånegården an, aber es war immer noch nichts frei. Nicht ein einziges Zimmer sei zu haben, erklärte man mir, geschweige denn zwei Einzelzimmer für Jack und seinen Freund, Mr. MacDonald.

Ich erprobte meine neuerworbene Selbstsicherheit. »Aber Sie *müssen* etwas finden«, erklärte ich. »Es sind sehr bedeutende Amerikaner aus Washington, D.C.!« Der beharrliche, dringliche Klang meiner Stimme muß den Geschäftsführer beeindruckt haben, denn schließlich sagte er: »Nun ja, wir haben noch den Neubau, der vor kurzem an das Hauptgebäude angebaut wurde.« Es stellte sich heraus, daß er in diesem modernen Flügel zwei Zimmer frei hatte, hübsch, aber nicht luxuriös. Ich reservierte sie auf der Stelle. Ich war sogar froh, denn sie waren etwas abgelegener, auf alle Fälle diskreter.

Am selben Tag erhielt ich ein Telegramm, das an Bord der USS *United States* aufgegeben worden war:

À BIENTÔT
JACK

Ich war unendlich gerührt. Und meine Nervosität schwand. Ich wußte, dies war die Geste eines Verliebten, eine Geste, wie sie Liebende einander entgegenbringen. Jetzt hatte ich keine so großen Befürchtungen mehr, ich war weniger angespannt. Er hatte mir mitgeteilt, daß das Schiff am zehnten in Le Havre anlegen und er um den zwölften herum hier sein werde. Es würden zwei endlose Tage werden.

Am ersten Tag machte ich lange Spaziergänge am Meer. Ich ging schwimmen. Ich versuchte zu schlafen. Ich ritt auf meinem Pferd Nestor über die Hügel. Am nächsten Tag war es dasselbe. Ich hielt es nicht aus, herumzusitzen, darum ging ich zum Friseur, unternahm anschließend eine noch längere Wanderung am Wasser entlang und dann über die Felder. Ich kam am

elften August nachmittags angenehm erschöpft ins
Haus zurück.

Tante Wiveka, die leicht gerötet und erregt aussah,
teilte mir mit:»Zwei amerikanische Freunde haben
nach dir gefragt, ›Wo ist Gunilla von Post?‹, und ich
sagte, ›Gunilla von Post ist nicht hier, sie ist draußen!‹,
und da sind sie ...«
Ich hörte nicht weiter zu. Sie waren einen ganzen
Tag früher gekommen! Ich war außer mir vor Aufregung. Ich rannte so schnell ich konnte zum Skånegården und ums Haus herum zum Anbau. Sie waren
eben angekommen, und da war Jack in einer Khaki-
hose und einem blauen Polohemd. Ein Mann war bei
ihm, der viel größer und stämmiger war, und sie waren
von Koffern umringt.
Ich eilte mit klopfendem Herzen zu Jack und warf
mich in seine Arme. Wir hielten uns eng umschlungen.
Ich war so froh, ihn zu sehen! Es gab keine Worte für
meine Gefühle. Er fragte sogleich:»Gunilla, wo hast du
gesteckt? Ich habe dich überall gesucht!«
Es machte mich glücklich, daß er nach mir gesucht
hatte, und ich sagte »schön«, während ich ihn immer
noch umschlungen hielt. Sein sommersprossiges Gesicht war sonnengebräunt, und er sah noch besser aus
als in meiner Erinnerung; seine Jugend und Lebens-
freude leuchteten von innen heraus.
Er stellte mir Torby vor, »Mr. MacDonald«, und sagte
dann, sein Lächeln und seinen Blick noch auf mich

gerichtet: »Torby, nimmst du die Koffer?« Torby verschwand sogleich mit dem Gepäck. Und dann führte Jack mich in sein Zimmer.

Drinnen schlug er die Tür so heftig zu, daß es knallte, und wieder warf ich mich in seine Arme. Ich gab mich meinen Gefühlsregungen hemmungslos hin. Er küßte mich, und es war, als hätten wir uns erst gestern gesehen. Ich hielt mich nicht zurück und dachte an nichts als uns beide.

Von Anfang an merkte ich ihm an, daß er mich unbedingt glücklich machen wollte, und mir erging es ebenso. Jack war zärtlich und fürsorglich, seine Liebe war so süß, wie es seine Küsse und Zärtlichkeiten in Frankreich gewesen waren. Das Gefühl der Zusammengehörigkeit, das ich im Le Château und am Eden Roc gehabt hatte, war jetzt noch hundertmal stärker.

Dies war kein Mann, der einfach eine Frau brauchte, um sein Verlangen zu stillen, und sich dann anderen Geschäften zuwandte. Dies war ein Mann, der Himmel und Hölle bewegt hatte, der Risiken eingegangen war, die seiner Karriere den Todesstoß hätten geben können, und um die halbe Welt gereist war, um bei mir zu sein, und jetzt wirbelten wir uns gegenseitig in einem Sturm der Leidenschaft, als könnten wir nun, da wir uns wieder berührt hatten, nie mehr voneinander lassen.

Ich war ziemlich unerfahren, und Jacks Zärtlichkeit war wie eine Offenbarung. Er sagte: »Gunilla, hierauf haben wir zwei Jahre gewartet. Es ist fast zu schön um wahr zu sein, und ich möchte dich glücklich machen.« Zum ersten Mal konnte ich mich gehenlassen und in der Zuwendung eines Mannes schwelgen, der mich nicht nur achtete und mochte, sondern aufrichtig liebte. Ich vertraute ihm voll und ganz.

Ich wußte, daß ich sanft und rücksichtsvoll sein mußte. Sein Rückenleiden war stets ein heikler Punkt. Jack liebte mich mit seinen Händen, mit seiner wunderbaren, gesunden irischen Haut, mit seinem Mund – mit allem.

Wir waren herrlich *sinnlich*. Es gab Zeiten, da das stille Zusammensein erregend genug war. Manchmal flüsterten wir auch miteinander, und manchmal kicherten wir ein wenig. Aber ob wir nun sprachen oder schwiegen, Jacks Augen lachten stets. Selbst wenn wir wegen seines Rückens langsam vorgehen mußten, lächelte er.

Das Zusammensein mit ihm war so überwältigend, daß ich einmal dachte: »Bin ich verrückt?« Doch die Antwort war klar: »Nein, ich bin glücklich.« Die Heftigkeit, mit der wir uns hingaben, war atemberaubend. Wenn er mich ansah und sagte: »Ich liebe dich. Ich kann nicht glauben, daß es tatsächlich wahr ist – daß ich wieder bei dir bin«, sah ich Tränen in seinen Augen, und ich wußte, wir waren füreinander bestimmt. Und bei alledem fühlte ich mich behaglich, sicher und geborgen. Ich liebte, und ich wurde geliebt.

Später lehnte ich meinen Kopf an seine Schulter. Ich sah zu seinem Gesicht auf. Leise sagte ich: »Ich bin sehr glücklich, Jack.« Ich küßte ihn auf die Wange. »Danke, daß du zu mir zurückgekommen bist.« Er lächelte mit geschlossenen Augen. »Ich bin auch glücklich, Gunilla. Ich fühle mich wie befreit.« Dann glitten wir in einen süßen Schlaf.

Ich habe viele Male an jenen unglaublichen Moment gedacht, als Jack zu mir zurückkam, und mich gefragt, welche Kräfte es waren, die sich zu einem Geschehen zusammengefügt hatten, das es nur einmal im Leben geben kann. Während es geschah, war mir das nicht bewußt, doch heute weiß ich, daß ich nicht in ihn allein verliebt war; ich war verliebt in Amerika, das mir exotisch, wild und faszinierend erschien, ganz so, wie John Kennedy es war. Aber da war noch etwas anderes. Jahre später erfuhr ich die Wahrheit über seinen Beinahe-Tod im Jahre 1954, über seinen monatelangen Krankenhausaufenthalt, während dem er mir schrieb und mit mir telephonierte und unsere junge Fernliebe wachsen ließ, und ich glaube, er hatte ehrlich gedacht, daß er mich vielleicht nie wiedersehen würde. Aber er hatte überlebt, und wir sahen uns wieder, und das war nun um so kostbarer. Es war für uns beide ein Wunder.

Am Samstag abend waren wir eine recht heitere Gesellschaft, die sich zum Essen im Strandrestaurant neben dem Skånegåden einfand, einem schönen, weitläufigen Raum mit Blick auf den Hafen, wo gutes Essen und guter Wein, Musik und Tanz geboten wurden. An unserem Tisch saßen Jack und ich, Ewa, Anne Marie und ihr frischangetrauter Ehemann Curt Engelbrecht, ihre Mutter – Tante Wiveka –, meine Freundin Madelaine Lindesvärd, ihr Mann Bo und ihre Eltern – Herr und Frau Muhl – sowie Torby MacDonald. Torby, dessen Hünengestalt beileibe nicht unattraktiv war, war ein dunklerer Typ als Jack, aber ebenso großherzig wie er. Zudem erwies er sich als äußerst amüsant. Er und Jack hatten in Harvard ein gemeinsames Zimmer bewohnt und zusammen in der Uni-Footballmannschaft gespielt – Torby war Mannschaftsführer gewesen. Die zwei plänkelten unentwegt miteinander, erzählten sich Witze und Anekdoten, die unweigerlich mit herzhaftem Gelächter endeten. Auch fünfzehn Jahre nach dem College waren sie noch ein gutes Gespann.

Jack kam auf Krücken ins Restaurant. Sein Rückenleiden war chronisch, und manchmal wurde es sehr schlimm. An jenem Abend war es schlimmer geworden, doch sobald er am Tisch saß, vergaßen die meisten Anwesenden sein körperliches Leiden und genossen einfach seine Gesellschaft.

Jacks Berauschtheit von mir rief ein gewisses Raunen hervor, doch gab ich nicht viel darauf, was die

Leute sagten. Denen, die mich gut kannten, brauchte man nicht zu erklären, daß ich verliebt war. Es ist mir immer nahezu unmöglich gewesen, meine Gefühle zu verbergen. Meine Augen und meine Stimme verraten alles.

Man konnte es ohnehin direkt beobachten. Bei Tisch waren Jack und ich außerordentlich liebevoll miteinander. Er unterstrich einige seiner Äußerungen, indem er meine Hand drückte. Hin und wieder flüsterte er mir etwas ins Ohr, oft etwas Lustiges und Freches, und er wollte nicht, daß andere es hörten.

Madelaine Lindesvärd, deren Vater ein bekannter Rechtsanwalt in Göteborg war, war hochintelligent und oft sehr komisch. Sie war von Jack fasziniert und hing ihm förmlich an den Lippen. Mehr als einmal ertappte ich sie, wie sie ihn über den Tisch hinweg eindringlich ansah. Jack bemerkte es auch, und schließlich sagte er mit seinem ganzen Charme zu ihr: »Madelaine, Sie haben etwas im Sinn. Ich sehe es Ihnen an.«

Madelaine war eines der selbstsichersten Mädchen, das ich kannte, daher färbte kein Erröten ihre Wangen, wie es bei mir der Fall gewesen wäre. Sie lächelte und sagte gelassen: »Oh, Mr. Kennedy, ich habe stets etwas im Sinn.«

Jack drohte ihr scherzhaft mit dem Finger wie ein weiser Lehrer und sagte: »Sie sollten sich vorsehen. Ich kann nämlich Gedanken lesen.«

Mit gesenktem Blick erwiderte Madelaine: »Nun, dann muß ich Sie allerdings um Entschuldigung bitten.«

Als das Gelächter in der Tischrunde erstarb, flüsterte Jack mir mit nachgemachtem schwedischem Akzent zu: »Aberwitzig, *aber witzig!*«

Anne Maries Mutter, Tante Wiveka, saß uns direkt gegenüber. Zwei Stühle weiter saß Anne Marie – blond wie ich, aber fülliger, mit dem typischen skandinavischen Liebreiz. Wir trugen an diesem Abend kurze Abendkleider.

Ich saß zwischen Jack und Torby. Jack ließ es sich nicht nehmen, sich mit allen zu unterhalten und jedem etwas Persönliches zu sagen. Er strahlte Wärme aus und zog jedermann in seinen Bann, wie eine helle Laterne das Nachtgetier anzieht. Jack war verführerisch; er ließ kaum eine Gelegenheit aus, mit allen Frauen zu flirten, einschließlich unserer Mütter. Er nahm die Menschen für sich ein, wie ich es nie zuvor oder nachher erlebt habe. Und alle – Männer, Frauen, Kinder – waren hingerissen und genossen seine Nähe.

»Anne Marie und ich sind alte Freunde«, sagte Jack über den Tisch hinweg zu ihrer Mutter. Tante Wiveka, in ihrer Jugend eine Schönheit, war nun von imposanter Stattlichkeit, das Ergebnis von gutem Essen, gutem Wein und Schokolade. Sie sah aus wie ein Schiff mit vollen Segeln.

In Liebe, Jack

Jack wendete sich Anne Marie zu. »Das war ein netter Abend damals in Frankreich, nicht?«

»Ja«, sagte Anne Marie geziert, »es war ein ganz besonderer Abend.«

»Wie der heutige!« sagte Jack und wandte sich dann wieder Tante Wiveka zu. »Ich erinnere mich, wie hübsch Ihre Tochter damals war, und heute ist sie noch reizender.«

Tante Wiveka erwiderte: »Oh, danke«, bestrich eine Scheibe Toast mit Pastete und verzehrte sie munter.

Ich sagte leise zu Jack: »Das war nett von dir. Anne Marie sieht hübsch aus heute abend.«

Torby sah Anne Marie an. »Ja, sie ist wirklich hübsch.« Er wandte sich an Tante Wiveka und sagte: »Ihre Tochter muß nach ihrem Vater geraten sein.« Tante Wiveka fiel fast vom Stuhl.

Trotz seiner Gewohnheit, französische Ausdrücke in seine Bemerkungen einzustreuen, war Jacks kulinarischer Geschmack durch und durch amerikanisch. Als der Kellner ihn nach seinen Wünschen fragte, sagte er: »Nur ein Steak, bitte«, worauf der Kellner nickte und ging.

Als nach einer Weile unser Essen gebracht wurde, stellte der Kellner ein mit *Sauce béarnaise* begossenes Tournedo vor Jack hin. »Nein, nein«, sagte er, »nur ein Steak. Verstehen Sie? Ein amerikanisches Steak.« Der Kellner nahm seinen Teller fort. Er kam mit einem

Filet mignon zurück, auf dem sich eine große Kräuterbutterpfütze ausbreitete. »Entschuldigen Sie«, sagte Jack, inzwischen etwas ungeduldig, »ich hätte gern ein schlichtes amerikanisches, *nacktes* gegrilltes Steak, verstehen Sie?«

Es war zweifelhaft, ob der Kellner verstanden hatte. Jack versuchte es noch einmal. »Hören Sie«, sagte er richtiggehend aufgebracht. »Man nimmt ein Stück Rindfleisch, ein gutes Stück, und dann – ich weiß nicht –, man wirft es einfach unter ein Feuer oder auf ein Feuer, daß es außen irgendwie krustig wird, dreht es um, und *dann bringen Sie es mir!*«

Um ganz sicherzugehen, übersetzte ich. Jack erhielt das Gewünschte. Ich fragte mich, ob er immer bekam, was er wollte.

Svend Asmussen und sein Orchester gaben an diesem Abend ein Gastspiel. Sie waren sehr beliebt. Asmussen war Däne, doch sollte er in den folgenden Jahrzehnten gerade in Schweden einer der bekanntesten Kapellmeister werden. Im Jahre 1955 war seine Musik verträumt und romantisch. Nach dem Essen kehrten Jacks Kräfte wieder, er ließ seine Krücken am Tisch zurück und tanzte mit mir. Ich fragte mich, ob das Orchester wohl »I love Paris« spielen würde, aber das tat es nicht. Egal. Ich genoß den Augenblick, den Abend und die Verheißung dessen, was kommen würde.

Als die Gesellschaft in den frühen Morgenstunden aufbrach, gingen Torby, Jack und ich gemeinsam hinaus und steuerten auf ihre Zimmer zu. Unterwegs sah Jack zum Himmel hinauf. Es war eine kristallklare Nacht. Er lächelte übers ganze Gesicht und sagte: »Sieh dir die Sterne an. Die *Sterne*, Gunilla. Die *Sterne!*« Das sagte Jack im Laufe der Woche noch mehrmals, und ich bestaunte mit ihm diese nächtliche Glitzervorstellung am Himmel. Als wir zu dem Anbau kamen, ging Torby zu Bett, und ich blieb bei Jack.

Jack Kennedy weckte etwas in mir, das mir neu war, und jeden Tag, einerlei, was wir unternahmen – schwimmen, zwangloses Mittagessen und festliches Diner, Zusammenkünfte mit Freunden und Familie, kurze Spaziergänge im Garten, Fahrten über Land –, spürten wir beide einen besonderen Pulsschlag, weil wir wußten, daß wir uns bald, nach dem Dunkelwerden, wieder in den Armen liegen würden.

An jenem Abend nach dem Essen trafen wir eine stillschweigende Übereinkunft. Obwohl es jedesmal ein kleiner Herzschmerz war, trennten wir uns nach der Vereinigung, und ich ging nach Sjöstugan zurück.

Torby wußte von unserer Liebe; eine so hohe Flamme vor anderen verborgen zu halten, war schlechterdings nicht möglich. Aber Torby war ein guter Begleiter, und zudem war er Jack ein loyaler und liebevoller Freund. Tatsächlich war es Torby, und Torby allein, dem ein paar Hinweise auf Jacks unglückliche Ehe entschlüpften; Jack selbst sprach während des ganzen Besuches nicht ein einziges Mal davon. Als

Jack sich eines Nachmittags ausruhte, sagte Torby zu mir: »Zu beobachten, wie Jack mit Ihnen ist, ich weiß nicht – es ist eigenartig. Mit seiner Frau ist er nie so. Ihnen hat er so viele Briefe geschrieben, aber ich glaube nicht, daß er ihr auch nur eine einzige Karte geschickt hat.«

Ich wollte nichts sagen, tat es aber doch. »Hm, ich denke, sie muß ihn lieben. Sie scheint gut zu ihm zu sein.«

»Oh, sie hat ihn im Krankenhaus besucht, aber ich glaube nicht, daß sie großen Anteil nahm. Ich kenne Jack seit wir neunzehn waren, und so glücklich wie jetzt habe ich ihn noch nie gesehen.«

»Torby, lassen Sie uns zu Jack ins Zimmer gehen und den Rest Ihres Besuches planen.«

Wir waren selig, weil wir eine ganze Woche für uns hatten. Wir genossen den Sonnenschein, und ich bewunderte Jacks Losgelöstheit und seinen Spaß beim Schwimmen in der Bucht unterhalb von Sjögustan. Aber leider hat er es am ersten Sonntag übertrieben, und am Nachmittag hatte er solche Schmerzen, daß es mir das Herz brach. Nach einem späten Mittagessen wollten Jack und ich einen Nachmittagsausflug machen, aber wir kamen nur bis ins Dorf Båstad.

»Wir müssen anhalten, Gunilla«, sagte er, und als ich ihn ansah, verriet mir die Anspannung in seinem

Blick, wie furchtbar er litt. »Bitte, Gunilla, du mußt mir ein schmerzstillendes Mittel besorgen. Es ist mir ausgegangen, und ohne Medikamente überstehe ich das nicht.«

Noch nie hatte ich einen Menschen in so schlimmer körperlicher Verfassung gesehen. Er war bleich, trotz seiner Sonnenbräune. Mir wurde angst und bange, aber ich war eisern entschlossen, einen Weg zu finden, um ihm zu helfen. Zum Glück hatte er ein Rezept von einem amerikanischen Arzt bei sich und gab es mir. »Warte hier«, sagte ich und sprang aus dem Wagen. Als ich die Straße entlanglief, kam mir der Gedanke, daß ich Jack in nur wenigen Tagen auf der Höhe des Glücks und in den Tiefen des Schmerzes erlebt hatte. War ersteres himmlisch und unvergeßlich, so machte letzteres mir angst. Ich rannte, über das Kopfsteinpflaster stolpernd, zur nächsten Apotheke, einem altmodischen Laden à la Dickens in einer kleinen Nebenstraße. Das ausgebleichte grüne Rollo vor dem facettierten Glasfenster in der Eingangstür war heruntergelassen. Es war schon spät am Sonntagnachmittag, aber der Besitzer war zufällig da. Ich hämmerte so fest an die Tür, daß ich fast die Scheiben zerbrach, bis er endlich aufschloß.

Der Apotheker öffnete die Tür einen Spalt, sah mich an und sagte: »Tut mir leid, wir haben geschlossen.«

Außer Atem und den Tränen nahe, zwängte ich mich durch die Tür und schrie: »Tut mir auch leid, aber dies ist ein Notfall, und ich brauche sofort dieses Medikament!«

Ich gab ihm das Rezept. Der Apotheker betrachtete das Papier, schob dann seine Brille herunter und sah mich über den Rand hinweg an. Er schüttelte den Kopf. »Ich weiß nicht ... Das ist ein sehr starkes Mittel. Und von einem ausländischen Arzt ...«

»Aber verstehen Sie doch«, sagte ich. »Es ist ein amerikanischer Senator, der für eine Woche in Schweden zu Besuch ist. Er wohnt bei uns. Er wurde im Krieg verwundet, er ist ein Held. Er hat ein schweres Rükkenleiden, und es ist plötzlich so schlimm geworden, und wir wissen nicht, an wen wir uns wenden sollen. Sie müssen uns helfen. Wir brauchen Hilfe! Ich muß Sie dringend ersuchen, uns zu helfen!«

Er ließ sich erweichen. Ich wäre bereit gewesen, auf die Knie zu fallen und notfalls zu betteln, aber das brauchte ich nicht, vermutlich, weil die Qual in meinen Augen und das Flehen in meiner Stimme so überzeugend waren.

Ich nahm, was der Apotheker mir gab, und rannte zu Jack, der seine Schmerzen tapfer ertrug – mit einem Schweißfilm auf der Stirn und einem angespannten Gesichtsausdruck. »Oh, danke, dank' dir, Liebste«, sagte er und umarmte mich voll Dankbarkeit. »Es geht gleich vorüber.« Er schluckte ein paar Tabletten, und wir saßen eine Weile still da. Bald ging es ihm besser, und wir setzten unsere Fahrt fort.

Rückblickend glaube ich, daß Jack eine außerordentliche seelische Kraft besaß. Er hatte ständig Schmerzen, und die Tapferkeit, die ihn die erbarmungslose körperliche Tortur bekämpfen ließ, mit der er Tag für Tag lebte, konnte er nur vom Himmel bezogen haben. Menschen mit derartigen Schmerzen würde man einen Rückzug in einsames Leiden nachsehen, doch Jack bekämpfte seine Schmerzen auf breiter Front. Er klammerte sich mit wilder Energie ans Leben; statt in verbitterter Abgeschiedenheit sein Dasein zu fristen, wurde er der charismatischste Präsident der Vereinigten Staaten. Ob er es zugegeben haben würde oder nicht, ich bin überzeugt, er tat es mit Gottes Hilfe.

Ich habe mich oft gefragt, ob sein Verlangen nach schmerzstillenden Mitteln auch mit seinem Verlangen nach mir zusammenhing. Die unausgesprochene Angst, daß unsere Romanze zu Ende ging, war ein weiterer Ansporn für ihn, seinen schmerzenden Körper zu betäuben, um sich voll darauf zu konzentrieren, mit mir zusammenzusein, sooft es ging.

Trotz seiner Schmerzen entspannte Jack sich, sobald er mich sah. Er war fern von seinem Vater, dem Druck in Washington, den zwingenden Familientraditionen. Zum ersten Mal hatte er die Freiheit, er selbst zu sein, und ich denke, er hatte diese Freiheit dringend nötig. Er hatte den größten Teil seines Lebens geopfert, um den alten Joe Kennedy zufriedenzustellen, aber das schien weit weg, solange er in Schweden war. Hier, während unserer herrlichen gemeinsamen Augenblikke, gehörte sein Leben ihm, und es war ihm möglich, mit einer Tiefe und Aufrichtigkeit zu fühlen – und zu lieben –, wie es ihm vielleicht nie wieder beschieden sein würde.

Wie es der Zufall wollte, fiel Jacks Besuch in jene Zeit unseres schwedischen Sommers, da die Natur sich von ihrer üppigsten Seite zeigt, die Blumen und Bäume, das glitzernde Meer, die frische, reine Luft. Unsere warme Jahreszeit ist so kurz, daß die Einheimischen sie freudig begrüßen wie Geschöpfe, die sich den gan zen Winter in Höhlen versteckt halten, und sie stürzen sich in die Sonne, solange es die alten nordischen Götter ihnen vergönnen.

An einem der allerschönsten Tage gaben mein Cousin, der Botschafter Eric von Post, und seine Frau in ihrem Sommerhaus Svalgården einen Mittagsempfang zu Ehren des fünfzigsten Geburtstags meiner Tante. Ich brachte Jack und Torby mit. Der Garten stand in voller Blüte, buchstäblich jeder, den wir in Båstad kannten, war da, und das Essen kam frisch aus dem Meer und von den Bauernhöfen der Umgebung.

Jack war wohlauf und gutgelaunt und trug die lässige Kleidung des Amerikaners der fünfziger Jahre –

Bermudashorts und ein blaues Polohemd von La-
coste –, dennoch war er erleichtert, als er eine große
Hängematte erspähte, die zwischen zwei Apfelbäume
gespannt war. »Eric«, fragte er meinen Cousin leise,
»stört es Sie, wenn ich mich hier ein wenig hinlege?«
Die Antwort lautete: »Aber keineswegs.« Jack flüsterte
mir zu: »Das tut meinem Rücken gut.« Ich schaukelte
ihn hin und her, was ihm behagte, und seine Anziehungskraft lockte alle Gäste an seine Seite. Er bezau-
berte jedermann aus der Horizontalen. »Mit seinen
Krücken und dem hübschen Gesicht«, sagte Cousine
Margareta von Post, »sieht Jack jung und alt zugleich
aus.«

Eines Morgens ging ich reiten, und Jack photo-
graphierte mich auf Nestor. Später machten wir einen
Rundgang durch den schönen botanischen Garten von
Norrvilens – Angehörige von Alfred Nobels Familie
hatten dort gelebt – und betrachteten die stattliche
Anzahl subtropischer Blumen. Wie immer während
seines Besuches, sog Jack alle Sehenswürdigkeiten,
Geräusche und Gerüche mit einem gesunden Durst
nach Schönheit und neuen Erfahrungen in sich hinein.
Er war neugierig auf alles.

Jack war besonders aufmerksam zu meiner Mutter.
Sie plauderten oft miteinander. Mamma war nicht nur
herzlich, sondern auch freimütig und direkt, und die
zwei verstanden sich prächtig. Einmal fragte ich ihn,
worüber sie sich unterhielten, worauf er verschmitzt

lächelte und sagte: »Oh, Brita und ich haben eine
ganze Menge zu besprechen.« Ich fragte, ob sie über
mich sprachen. »Manchmal«, sagte er, und schon waren
wir zum nächsten Abenteuer unterwegs.

Mitte der Woche beschlossen Jack, Torby und ich,
ein Auto zu mieten und einfach ins Blaue zu fahren –
auch wenn ich glaube, daß Jack sich hierbei ganz auf
meine Erfahrungen im Royal Automobile Club verließ.
Ich hatte mehr Vertrauen in das Wetter als sie und
plädierte für ein Kabriolett, aber Jack suchte stets den
Himmel nach Wolken ab, und sie mieteten ein Coupé.
Doch es fügte sich, daß das Wetter während ihres
ganzen Aufenthaltes freundlich blieb.

Wir fuhren durch Skåne, die südlichste Provinz
Schwedens. Skåne ist wie ein anderes Land, über-
sät mit mehr als zweihundert Schlössern und Villen,
malerischen alten Bauernhäusern aus dem achtzehnten Jahrhundert und strohgedeckten Hütten, einge-
bettet in Äcker und Weiden. Obwohl nicht ganz
so hügelig wie Irland, erinnerte die Landschaft Jack
an die Heimat seiner Vorfahren, und sie gefiel ihm
sehr.

Es war wie ein Ausflug mit zwei begeisterten
Kindern: sie fanden alles mögliche komisch und frag-
ten wißbegierig nach allem, woran wir vorbeifuhren.
Es ist dies eine typisch amerikanische Energie, die ich
exotisch und reizvoll fand, und die zwei Männer besaßen sie im Überfluß. »Was ist das?« hörte ich immer

wieder, gewöhnlich von Jack. »Laßt uns anhalten, das müssen wir uns ansehen!« Was wir meistens auch taten.

Jack saß immer am Steuer; oft fuhr er mit einer Hand, den anderen Arm um mich gelegt, und Torby saß außen. Manchmal legte ich meine Arme um beide. Und Jack sang.

Er sang – ständig! – »I love Paris«, auf dem ganzen Weg durch das südwestliche Schweden. Meistens machten wir Tagesausflüge und kehrten abends nach Båstad zurück. Gegen Ende der Woche konnte ich fast alle Strophen von »I love Paris« auswendig.

Als wir uns eines Tages Torekov näherten, einem kleinen Fischerdorf, sagte Torby zu mir: »Ich habe Jack noch nie so glücklich gesehen!« und umfaßte meine Schultern.

Wir hielten auf der kleinen Hauptstraße an. »Hier sieht es aus wie in Cape Cod!« rief Jack mit der Miene eines Jungen, der soeben am Weihnachtsmorgen ein heißersehntes Geschenk ausgepackt hat. Er fand Schweden vertraut und heimisch.

»Cape Cod?« fragte ich.

»Erinnerst du dich an unser Haus in Hyannisport, von dem ich dir schrieb? Das liegt in Cape Cod. Vor Jahren gab es da nichts als Fischerei.«

Ich verstand. Und ich vermute, die Orte waren sich sehr ähnlich. Die Küstendörfer bilden einen scharfen, lebhaften Kontrast zu der grünen Landschaft von Skåne und bieten idyllische Hafenszenen mit Booten und zum Trocknen ausgebreiteten Netzen, kleinen bunten Häusern und Molen. Die Luft ist durchdrungen von dem salzigen Meeresgeruch, bei dem es mir immer ganz leicht ums Herz wird.

Etliche meiner guten Freunde und Verwandten hatten Sommerhäuser in Torekov, und wir wurden aufs fürstlichste bewirtet – zuerst Schnaps, dann Seezunge, Garnelen und Langusten. Jack bat nicht ein einziges Mal um ein Steak! Einer unserer Gastgeber, dem auffiel, wie schwerfällig Jack sich bewegte, meinte, sein amerikanischer Gast möchte vielleicht zur Linderung seiner Rückenschmerzen ein Meeresalgenbad nehmen – wofür Torekov berühmt ist –, doch Jack lehnte ab, weil er an diesem Abend lieber mit mir nach Båstad zurückfahren wollte.

Südlich von Båstad, in der Nähe der Stadt Lund, steht ein berühmtes altes Schloß namens Trolleholm. Es wurde ursprünglich 1538 errichtet, und obwohl es im Laufe der Jahrhunderte mehrmals umgebaut wurde, ist es nach wie vor ein eindrucksvolles Gebäude mit einem weitläufigen zentralen Innenhof, der von Türmen und einem Burggraben umgeben ist. Im Inneren befindet sich eine berühmte Bibliothek, die Jack sehen wollte. Doch als ich zum Haus ging und erklärte, ich sei mit zwei amerikanischen Freunden hier, die gern einen Rundgang machen würden, wurde mir gesagt: »Der Graf ist nicht abkömmlich.« Ich war enttäuscht; denn der gegenwärtige Besitzer, Carl Trolle-Bonde, war ein Freund unserer Familie. Jahre später erzählte mir seine Tochter Anna zu meiner großen Genugtuung, daß ihr Vater, als er erfuhr, mit wem ich an jenem Tag dort war, gesagt habe: »Wegen eines Mittagsschlafs habe ich es verpaßt, John F. Kennedy kennenzulernen!« Das habe er sich nie verziehen.

Doch Jack war nicht allzu enttäuscht. Er sagte: »Na schön, dann laß mich ein Photo von dem Haus machen. Gunilla, stell dich da drüben hin.« Er bat Torby um seinen Photoapparat und stellte die Brennweite ein. »Nein, etwas mehr nach links, damit ich das ganze Schloß und dich drauf bekomme.«

Aber es stimmte immer noch nicht ganz. Ich trug eine Schildpattsonnenbrille und hatte einen seidenen Hermès-Schal lose um den Hals geschlungen. »Ich weiß, wie sehr du sie liebst«, sagte er lachend (er hatte mir beides geschenkt), »aber nimm die Brille ab. Ich möchte dich sehen.« Er drückte auf den Auslöser.

Als großes Finale der Woche arrangierte ich für uns eine Einladung, unsere letzte Nacht im Haus meines alten Freundes Gustav Hagemann zu verbringen, der außerhalb von Ystad an der Südspitze Schwedens eine reizvolle Villa besaß. Das Anwesen namens Ruuthsbo war nicht sehr weit von Malmö entfernt, von dessen Flughafen Bulltofta (heute Sturup) Jack und Torby am nächsten Morgen nach Frankreich fliegen würden.

Doch während ich die Pläne für das Ende unserer Woche schmiedete, wurde ich traurig, und Jack merkte es. An dem Abend, bevor wir bei Gustav erwartet wurden, war ich sehr still, als Jack, ich und Torby nach dem Essen zum Anbau gingen.

»Was fehlt dir?« fragte Jack.

»Morgen sind wir in Ruuthsbo, von lauter Menschen umgeben, und dann gehst du fort«, sagte ich unglücklich.

»Ich liebe dich, Gunilla. Ich gehe nicht wirklich fort von dir.«

Mein Temperament brauste ein wenig auf. »Aber du gehst fort, Jack. Es war wie ein Traum, und dann … was wird dann? Du verschwindest einfach, und damit Schluß?«

»Nein, nein. Ich liebe dich, Gunilla. Ich werde alles tun, um bei dir sein zu können.«

»Was wirst du tun, Jack?«

»Ich werde mit meinem Vater sprechen, sobald ich wieder zu Hause bin.«

Der Einfluß von Joe Kennedy auf Jacks Leben wurde mir von Mal zu Mal bewußter. »Ist das deine Art, dein Leben zu leben? Zu tun, was dein Vater wünscht? Trifft dein Vater alle Entscheidungen?«

»Nein, Gunilla. Natürlich nicht«, sagte Jack leise. Aber er war auch verärgert. »Ich werde nicht verschwinden. Das verspreche ich. Du wirst von mir hören. Eher, als du denkst.«

Bis dahin hatte Torby kein Wort gesagt, aber jetzt sprach er. Wir waren einen Moment stehengeblieben, und er wandte sich mir zu. »Er meint es ernst, Gunilla«, sagte er aufrichtig. »Jack wird mit Ihnen in Verbindung bleiben. Sie werden sehen.«

Ich wollte Jack und Torby glauben. Und ich wollte mir die Zeit, die uns noch blieb, durch nichts verderben lassen.

Am Nachmittag darauf fuhren wir nach Ruuthsbo.

Gustav Hagemann war immer einer meiner engsten Freunde gewesen. Er hatte stets eine große Schwäche für mich, und so hatte ich angekündigt, daß ich zu Besuch kommen und »zwei wunderbare amerikanische Freunde mitbringen« würde – ohne durchblicken zu lassen, daß ich in einen von ihnen verliebt war.

Gustav empfing uns mit offenen Armen und ging Jack hilfreich zur Hand, der sich wieder auf Krücken stützte, aber beteuerte, es sei »nur zur Sicherheit«, und ich solle mir wegen seines Rückens keine Sorgen machen.

Wir nahmen Platz, tranken Aquavit und unterhielten uns, und bald trafen etliche lebhafte, reizende Freunde von Gustav ein, ebenso seine Tochter Lis Stjernsward, die später eine bekannte Malerin wurde. Bald wurden wir alle ins Speisezimmer gebeten, wo wir mit einem der berühmtesten schwedischen Festmähler

Oben links: Brita,
meine Mutter, als ich
vier Monate alt war.
Man beachte die
Napoleonslocke,
wegen der Pappa
mich Napoleona
nannte.

Oben rechts: 1953.

Rechts: Mit Mutter
Brita und Vater Olof
von Post, 1951.

Oben: Eden Roc bei Cap d'Antibes, wo
Jack und ich an unserem ersten Abend
unter den Sternen auf den Felsen
saßen und uns küßten. Im Hinter-
grund das Haus der Kennedys.

Rechts: Das Photo, das Jack vor
Schloß Trolleholm aufnahm. Jack
hatte mir die Schildpattsonnenbrille
und den Hermès-Schal geschenkt.

Unten: Dieses Photo von mir auf
Nestor hat Jack aufgenommen.

Oben: Tjälls Gård, Anders Ekmans
»Jagdhütte« – mit 24 Zimmern, einem
Hallenbad und Tennisplätzen.

Unten: Bei der Pflege eines
Blumengartens von Tjäll.

Rechts: Ich als Santa Lucia beim
jährlichen Lucia-Fest.

Unten: Jack und Jackie schneiden
die Hochzeitstorte an, sein Bruder
Bobby sieht zu.

Rechts: Vor Anders Ekmans Landsitz
Tjälls Gård.

Unten: Unser Hochzeitsphoto. Anders
hatte gedroht, meinem Friseur die
Nase einzuschlagen.

In Liebe, Jack

Links:
In Afrika, 1956.

Unten: Anders mit
seinem Flugzeug,
wenige Tage vor
seinem Tod.

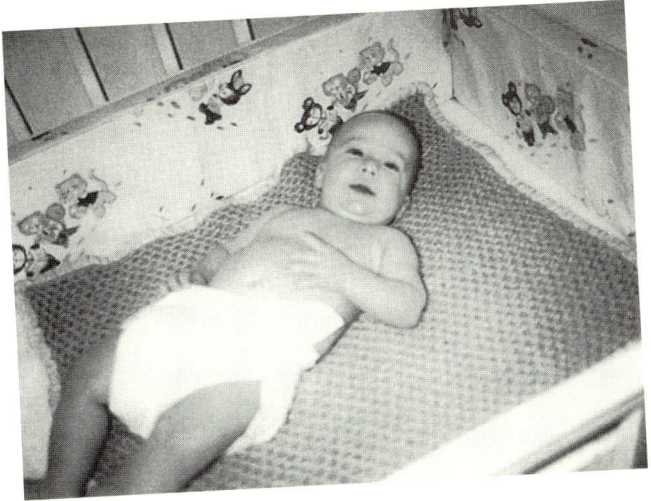

Oben: Mein Sohn
Jan, der mit sieben
Monaten starb, hier
vier Monate alt.

Rechts: Meine
geliebte Schwester
Ewa, 1955.

In Liebe, Jack

Links: Mit Wisner in Greenwich, 1970.

Mitte: Mit Gustav Hagemann, damals
über achtzig; das Photo wurde vor
zehn Jahren aufgenommen.

Unten: Ruuthsbo, Gustav Hagemans
Haus, in dem Jack und ich unsere
letzte gemeinsame Nacht verbrachten.

bewirtet wurden: einer Langustentafel. Außer kalten Langusten in Salzwasser und Dill und jeder Menge Schnaps gab es einen Käse namens *Västerbotten*, der mit Toast serviert wurde, sowie ein leichtes Gericht aus Filet mignon mit Gemüse und zum Nachtisch selbstgebackenen Apfelkuchen mit Schlagsahne. Die ganze Zeit sangen wir und sagten »Skol«. Es war wirklich sehr festlich, besonders durch das Ambiente von Ruuthsbo, mit den flackernden Kerzen vor den getäfelten Wänden mit ihren Landschaftsgemälden. Es war für mich das zauberhafte, doch traurige Ende einer wunderbaren, zärtlichen Woche.

Als das Haus schlief, schlich ich auf Zehenspitzen nach oben zu Jack. Er hatte noch Licht an und wartete auf mich.

Ich warf mich in seine Arme, und wir hielten uns umschlungen. Jack Kennedy liebte mich mit erstaunlicher Zartheit, und er war mit dem ganzen Herzen dabei. Seine Rückenprobleme mögen ihn eingeschränkt haben, aber während unserer Sommerwoche in Schweden beherrschte die Tiefe unserer Gefühle Jacks körperliche Beschränkungen. Ich war sensibilisiert für seine Schmerzen und merkte, daß er einen besonders schlimmen Anfall hatte. Meine Erinnerung kehrte zurück zu der Zeit unmittelbar nach unserer ersten Begegnung, als ich an Typhus erkrankte. Wie furchtbar schwach und elend hatte ich mich damals gefühlt, aber ich war wenigstens genesen! Jacks

Schmerzen würden vielleicht nie vergehen. Ich tat alles, um ihm Erleichterung zu verschaffen, ich streichelte und massierte seinen Körper, wo es not tat, und gab ihm das Gefühl, beschützt, geborgen und geliebt zu sein. Er hatte es auch für mich getan, und ich tat, was ich konnte, um ihm zu zeigen, daß er ebenso wunderbar war wie das Geschenk, das ich von ihm empfing: das Gefühl, schön zu sein.

Die letzte Nacht war wahrlich wundervoll. Er sagte immer wieder: »Ich liebe dich, Gunilla. Ich bete dich an. Ich bin verrückt nach dir und werde alles tun, um mit dir zusammenzusein.« Ich gab mich ganz unserer Vereinigung hin, und ich empfand die Stimmung als vollkommen und brüchig zugleich. Wir liebten uns mit Leidenschaft und jugendlicher Zärtlichkeit.

Später zog ich die Tagesdecke fort, ließ sie über ihn fallen, stand auf und schlüpfte in meinen Morgenrock und meine Pantoffeln. Ich ging über die kalten, lakkierten Dielen und verharrte auf der Schwelle zu einem letzten Blick, während ich an die Berührung seiner Haut zurückdachte, das weiche und doch kräftige Gefühl seiner Lippen, wenn wir uns küßten, und an sein stets zerzaustes Haar. Ich betrachtete ihn in dem großen Himmelbett, dann lief ich zurück und umarmte ihn noch einmal. Schließlich stand ich abermals auf und ging.

Bevor ich die Tür schloß, konnte ich gerade noch sein Gesicht erkennen und sehen, wie seine Augen zufielen. Ich verließ ihn und ging wie üblich in mein Zimmer.

Ich wachte früh auf, unten in meinem Bett, aber ich blieb liegen, blickte zur Decke und dachte nach. Eine beharrliche Furcht ergriff mich, weil dies das letzte Mal sein konnte, daß ich Jack sah. Er hatte mein Leben verändert. Unser gegenseitiges Verlangen war tief, aber wie, wo und wann konnte es weitergehen? Um diese Gedanken abzuschütteln, stand ich auf.

Als ich mich angezogen hatte und ins Frühstückszimmer kam, waren Jack und Torby schon dort, zusammen mit Gustav, der zuerst mich ansah, dann zur Decke blickte, dann zu dem Flur hin, woher ich gekommen war. Ich weiß nicht, was er dachte oder was er sich vorstellte, wo ich die Nacht verbracht hatte, aber er war ausgeglichen und höflich zu uns allen.

Nach dem Frühstück bedankten wir uns bei Gustav für den herrlichen Aufenthalt und stiegen ins Auto. Diesmal fuhr ich, weil ich den Weg nach Malmö kannte, wo außerhalb der Stadt der Flughafen Bulltofta liegt. Ich wurde immer trauriger, lächelte aber tapfer. Jack sang nicht. Torby verwickelte uns in Geplauder über den angenehmen Abend und den Charme von Ruuthsbo.

Bei unserer Ankunft in Bulltofta sagte Torby, der ideale Freund und eine Seele an Diskretion: »Ich nehme unser Gepäck, und wir treffen uns am Flugsteig.« Er zog mit den Koffern ab und ließ uns ein paar Minuten allein. Ich hatte unwillkürlich ein Déjà-vu-Gefühl; etwas ähnliches hatte ich schon einmal erlebt, vor zwei Jahren in Frankreich. Aber wie anders war es jetzt! Edith Piafs Lied *Je ne regret rien* schoß mir durch den Kopf.

Ich ließ einen fröhlichen Ausdruck auf meinem Gesicht festfrieren, versuchte, den nagenden Herzschmerz in meinem Inneren zu überdecken, zwang mich, die Tränen zurückzuhalten, die meine Sicht verschleierten. Wir gaben uns einen langen, anhaltenden Abschiedskuß. Noch einmal schob Jack mir die Haarlocke aus der Stirn. Dann legte er seine Handfläche und seine Finger auf meine rechte Wange und hielt sie wie einen kostbaren Schatz in seiner großen Hand. Er riß den Blick von mir los, sah auf seine Uhr und sagte: »Es ist Zeit, Gunilla.« Wir gingen in die Abflughalle.

Drinnen umarmten Torby und ich uns, dann legte ich meine Arme um Jack und hielt ihn lange, lange fest. Schließlich rissen wir uns voneinander los, und sie gingen zu ihrem Flugzeug. Sie traten durch eine Tür aufs Rollfeld, dann waren sie verschwunden.

Ich schluckte schwer, doch der Klumpen in meiner Kehle ging nicht weg. Ich blieb nicht, sah sie nicht abfliegen. Ich fuhr sehr schnell nach Båstad zurück, und als ich die Kilometer hinter mir ließ, wußte ich, daß es mit John Kennedy und mir nicht zu Ende war. Ich konnte die Möglichkeit nicht verwerfen, daß er wieder in mein Leben treten würde, irgendwann, irgendwo.

Und das tat er.

Hoffnung

*I*ch kehrte nach Båstad zurück und war verschlossen und wie gelähmt, außerstande, das plötzliche, tiefe Gefühl der Verlorenheit zu durchbrechen. Ich unternahm lange einsame Spaziergänge über Felder und Hügel, schwamm auch gelegentlich kurz in der Bucht – dasselbe, mit dem ich mich etwa eine Woche zuvor abgelenkt hatte, als ich nervös auf Jacks und Torbys Ankunft wartete.

Ich bin von Natur aus gesprächig, aber diese zwei Tage war ich schweigsam. Gewiß wird es Pappa, Ewa und dem Rest unserer großen Familie auch aufgefallen sein, aber meine mitfühlende Mamma war es, die meine Traurigkeit spürte und mich zu trösten versuchte.

Am dritten Abend sagte meine Mutter nach dem Essen: »Gunilla, komm, setzen wir uns ein Weilchen nach draußen«, und ich folgte ihr auf die schöne, offene Veranda, die einen Teil des Charmes von Sjöstugan ausmachte. Ich ließ mich steif auf einer Holzbank

In Liebe, Jack

nieder, und sie setzte sich auf einen Bambusschaukel-
stuhl. Zunächst sprach sie kein Wort, blickte nur in der
einbrechenden Dämmerung aufs Wasser. Ich war gespannt, was kommen würde. Mamma und ich führten
oft Mutter-Tochter-Gespräche »von Herz zu Herz«, und
ich ahnte, daß ein solches bevorstand.

Schließlich fragte sie mich mit einem matten Lächeln: »Vermißt du ihn?«

»Ja.«

»Ich weiß, daß du ihn liebst, Gunilla.« Sie betrachtete wieder die Aussicht. »Er empfindet genauso.«

Mein Herz tat einen Sprung. Ich bemühte mich, es
nicht zu zeigen. Doch dann sah Mamma mich an, und
selbst in dem verblassenden Licht konnte sie die Röte
in meinem Gesicht erkennen. »Woher ... Woher weißt
du ...« stammelte ich.

»Du weißt, daß wir uns unterhalten haben, als er
hier war.«

»Ja, aber er wollte mir nichts darüber sagen.«

»Natürlich nicht. Er ist nicht glücklich mit seiner
Ehe, aber ich denke, das war uns allen klar.«

Ich richtete mich ein wenig auf, bemüht, tapfer zu
sein. »Wird er sich scheiden lassen?« fragte ich mit viel
zu dünner Stimme.

»Ahhh. Das mußt du ja fragen. Jack hat sehr viel
Charme, wie du sehr wohl weißt. Das ist eine Gabe. Er
entzückt mich jedesmal, wenn wir miteinander plau-
dern.« Sie beantwortete meine Frage nicht.

»Und? Ja? Was, Mamma?«

»Er sagt, er möchte sie verlassen und dich heiraten.«

»Oh!«

»Aber ...« Sie senkte die Stimme und drehte sich zu mir hin. Sie tätschelte mein Bein und sagte: »Gunilla, Liebes, du mußt versuchen, realistisch zu sein. Die Situation ist nicht einfach, und das weißt du.«

»Aber wieso? Wenn er mich liebt ...«

»Oh, es mag so sein, daß er dich liebt. Aber erinnerst du dich an das, was Eric gesagt hat? Unser Jack möchte eines Tages Präsident der Vereinigten Staaten werden, und das ist auch der Wunsch seines Vaters. Glaubst du wirklich, daß er sich jetzt von Jackie scheiden lassen würde? Wegen einer Schwedin, von der kein Mensch in seinem Land je etwas gehört hat?«

Ich antwortete nicht, konnte nicht antworten. Ich hatte plötzlich den unreifen Gedanken, daß ich ebenso geeignet war wie Miss Bouvier. Ich hätte am liebsten mit dem Fuß gestampft und eine ganze Liste von Vorzügen herausgeschrien: Ich war keine Amerikanerin, nein, aber ich kam aus einer guten alten Familie. Ich war von Gertrud Bostrom, deren Ehemann Wolmar unser Botschafter in Washington gewesen war, am schwedischen Hof vorgestellt worden. Ich hatte in den Ballsälen von Palästen getanzt, an deren Wänden Bildnisse meiner eigenen Vorfahren hingen. Ich war auf den Titelblättern mehrerer heimischer Zeitschriften abgebildet gewesen. Vor drei Jahren erst, als ich die

Hotelfachschule Hasselbaken besuchte, war ich für das jährliche Luciafest zur Santa Lucia gewählt worden, und ich hatte es durchgezogen, mit Kerzen auf dem Kopf und allem Drum und Dran. Ich hatte meine Pflicht getan, und niemand hatte gemerkt, daß ich Todesängste ausstand. Ich konnte wahrhaftig *schauspielern*, wenn ich mußte.

Was also stimmte nicht mit mir? Die Antwort lautete leise, aber entschieden: »Gar nichts!« Und tief in meinem Inneren wiederholte ich mir immer wieder: *Wenn er mich liebt, wenn er mich liebt und nicht sie ...*

Ich seufzte. Es war zwecklos, dies laut zu äußern, denn dann hätte ich wieder eine von Mammas Vernunftpredigten über mich ergehen lassen müssen, ich solle auf den Verstand achten statt auf das Herz, und das wollte ich mir nicht schon wieder anhören. So sah ich nur auf meine Finger, verfolgte das Muster meines Rockes hin und her, auf und ab. Ich muß verzagt ausgesehen haben.

Meine Mutter merkte, daß sie sich barscher als beabsichtigt angehört hatte. »Ich habe ihn auch gern«, sagte sie. »Mißversteh mich nicht. Ich denke, seine Zuneigung für dich ist echt, und in seinem Herzen wünscht er, daß seine Ehe sich irgendwie auflösen würde. Als er sagte: ›In einer anderen Welt würde ich Sie und Pappa Olle um Gunillas Hand bitten‹, da meinte er es ernst. Doch ich mußte ihn fragen: ›Jack, und was ist mit dieser Welt? Der Welt, in der wir hier und heute leben?‹«

»Hat er darauf etwas geantwortet, Mamma?«

»Er sagte, ›diese Welt, dieser Weg, auf dem ich mich befinde – meine Familie, mein Land –, das ist kompliziert. Ich weiß nicht, was ich Ihnen antworten soll, Brita, aber Sie sollen wissen, daß ich Ihre Tochter liebe.‹ Dabei ließ ich es bewenden. Ich kann Jack zu nichts zwingen. Und ich kann dich nicht zwingen, weniger für ihn zu empfinden.«

Sie sah mich einen Augenblick an, und ein mitfühlendes Lächeln huschte über ihr Gesicht. Meine Mutter war sehr empfindsam, wollte es aber nicht zeigen, daher erhob sie sich gemächlich auf ihre majestätische Art. Die Sitzung war beendet. »Laß uns hineingehen, bevor es dunkel wird. Du kannst schon mal anfangen zu packen. Du reist ja übermorgen ab.«

»Ja.« Wir gingen ins Haus.

Nur vierundzwanzig Stunden nach der Rückkehr aus Båstad nach Stockholm traf ein Brief aus dem Hotel du Cap d'Antibes an der Côte d'Azur ein, abgestempelt am 22. August 1955. Noch erhitzt von den Erinnerungen und Gefühlsregungen meiner romantischen Woche, schlitzte ich ihn begieriger auf denn je.

Die Anrede lautete: »Liebste Gunilla.« Das war neu – zärtlicher und vertrauter als früher. Am liebsten hätte ich das Papier geküßt. Der Brief war wehmütig, sehnsuchtsvoll. Jack fragte, wie ich unseren Tag »auf der Farm« überlebt habe – »Farm«, so nannte er Ruuthsbo beharrlich. Er sorgte sich, weil ich nicht traurig genug ausgesehen habe, als ich ihm und Torby am Flughafen Lebewohl sagte, und fragte, ob ich erleichtert gewesen sei, als sie abgereist waren. Erleichtert? Ich war am Boden zerstört. Offenbar hatte ich Tapferkeit und Gelassenheit besser vorgetäuscht, als ich dachte. In Wahrheit hatte ich mich gefühlt, als würde mir das Herz aus dem Leibe gerissen, aber ich wollte es nicht zeigen.

Weiter schrieb er, er habe soeben erfahren, daß seine Frau und seine Schwägerin jeden Moment in Cap d'Antibes eintreffen würden, und daß seine Gefühle jetzt gespalten seien nach unserer gemeinsamen Woche, mit »meiner schwedischen flicka«. Ich konnte die Tränen nicht mehr zurückhalten, als ich las, daß er unfähig gewesen war, viel zu unternehmen, außer in der warmen Sonne zu sitzen, übers Meer zu blicken »und an Gunilla zu denken ...«

Er liebte mich. Ich widerstand dem Impuls, zu meiner Mutter zu laufen, um ihr den Brief zu zeigen. Indem ich ihn für mich behielt, wurde er irgendwie wirklicher. Und durch die Unterschrift »In aller Liebe, Jack« gewann er noch mehr an Bedeutung.

Jack rief aus Frankreich an. Ich war nicht zu Hause, aber meine Mutter sagte, es habe ihn gefreut, mit ihr zu sprechen, und es sei ein langes Gespräch gewesen. Wieder mußte ich ihr alles aus der Nase ziehen, doch diesmal war sie wenigstens ein bißchen mitteilsamer: »Er sagt, er vertrödelt nur die Zeit, er denkt an dich und wartet darauf, daß seine Frau und seine Schwägerin aus Cap d'Antibes abreisen.«

»Und dann?«

Mamma zögerte, dann blickte sie resigniert drein. »Wenn sie fort sind, wird er einen Abstecher nach Capri machen. Er möchte, daß du dort zu ihm kommst.«

Der Gesichtsausdruck meiner Mutter ließ mein Lächeln verschwinden. »Du meinst, ich soll nicht fahren, nicht wahr?« fragte ich leise.

»Ich habe dir vor einem Jahr gesagt, daß du ein erwachsener Mensch bist und wissen mußt, was du tust. Aber Gunilla, ich kann nicht zusehen, wie du in dein Unglück rennst.«

»Was hast du Jack gesagt?« fragte ich.

»Ich habe ihn einfach daran erinnert, daß er ein verheirateter Mann ist.«

»Aber das war uns allen doch von vornherein klar, Mutter!« Ich wurde wütend, was in Mammas Gegenwart nur selten geschah.

»Uns ist es klar. Ich wollte sichergehen, daß es Mr. Kennedy ebenfalls klar ist.«

Jack rief eine Weile nicht an, vermutlich, weil er warten wollte, bis Frau und Schwägerin abgereist waren, bevor er sich wieder meldete. Aber genau konnte ich es nicht wissen, weil wir einen Wochenendausflug nach Schloß Rockelstad unternahmen, das etwa zweieinhalb Stunden von Stockholm entfernt liegt. Rockelstad, gegenwärtig im Besitz meines entfernten Cousins Christer von Post, ist für Schweden von historischer Bedeutung. In den 1920er Jahren war das Schloß von Baron Eric von Rosen bewohnt, und der hatte einmal einen jungen, ehrgeizigen Deutschen namens Hermann Göring zu Gast gehabt, dessen militärische Laufbahn im Aufstieg begriffen war. Während seines Aufenthalts verliebte er sich in eine schöne junge Dame, Carin Kantzow, eine geborene Baroness Fock, die Schwester von Erics Frau Mary. Mein Vater – genaugenommen meine ganze Familie – hielt Hitler von Anfang an für einen Geisteskranken. Doch viele Schweden, auch jene, die absolut gegen die Nazis waren, mußten zugeben, daß die Zuneigung Görings zu unserem Land und seiner geliebten Carin (die mit dreiunddreißig an Krebs starb und für die er außerhalb Berlins ein nach ihr benanntes Haus baute) mit ein Grund gewesen sein könnte, weshalb wir während des Krieges verschont blieben. Das ist wohl das einzig Positive, das irgend jemand von uns über ein Mitglied der Nazipartei zu sagen hat, noch dazu über einen Mann, der Hitlers wichtigster Stellvertreter wurde.

Während ich an jenem Wochenende die Annehmlichkeiten von Rockelstad, die kühlen Frühherbsttage und -abende genoß, fragte ich mich ständig, ob in unserer Wohnung in Stockholm wohl das Telephon klingelte. Es war niemand dort, um einen Anruf entgegenzunehmen.

Ich erhielt Gewißheit, als wir nach Hause kamen.
Ein Telegramm erwartete mich. Jack wollte mich unbedingt sprechen; er bat mich, ihm ins Hotel Quisisana
auf Capri zu telegrafieren, und wollte wissen, wo er
mich erreichen konnte. Das Telegramm war mit »Vermisse Dich. In Liebe, Jack« unterschrieben.

Ich telegrafierte ihm am selben Nachmittag, und
früh am nächsten Morgen klingelte das Telephon.

»Es ist so schön hier«, sagte er. »Es wäre noch schöner, wenn du herkommen könntest.«

»O Jack, du fehlst mir so sehr.«

»Du fehlst mir nicht nur. Ich brauche dich. Ich fühle
mich lebendig, wenn wir zusammen sind, und das will
ich nicht missen. Gunilla, bitte komm.«

»Jack, ich … ich weiß nicht …« Ich dachte an seine
Frau, und ich war nervös. Sicher, Mamma schilderte
mir ihre Gespräche mit ihm über dieses heikle Thema,
aber Jack und ich selbst waren in den zwei Jahren nie
darauf zu sprechen gekommen. Eine Gefühlsaufwal-
lung durchwogte mich. In Gedanken war ich wieder in
Ruuthsbo, konnte ihn berühren, ihn flüstern hören:
»Ich liebe dich, Gunilla. Ich bete dich an. Ich bin verrückt nach dir und werde alles tun, um mit dir zusammenzusein.« Ich sagte in den Hörer: »Ja. Ich erinnere
mich, wie es war mit uns. Ich erinnere mich manchmal
zu sehr.«

Seine Stimme war sanft. »Ich wünschte, ich hätte
eine Photographie von dir hier. Torby hat mir das

Photo, das ich vor dem Schloß aufgenommen habe, noch nicht geschickt, deswegen ist die einzige Möglichkeit, dich zu sehen, daß du nach Capri kommst. Bitte komm, Gunilla.«

Was tun? Was sagen? Wie immer lag mein Herz in Widerstreit mit meinem Verstand.

Das Schweigen wurde zu lang. Ich schluckte schwer und atmete tief durch. »Jack, ich finde das nicht richtig, nachdem deine Familie eben erst abgereist ist. Es war wunderbar in Båstad, und ich werde unsere Woche dort nie vergessen, aber ...« Warum konnte ich es nicht sagen?

»Aber was?«

Ich stieß es einfach heraus: »Du bist verheiratet!«

Ganz langsam und gelassen sagte er: »Gunilla, ich bin seit zwei Jahren verheiratet. Was hat sich verändert?«

»Ich. Vielleicht habe ich mich verändert.«

»Inwiefern?«

»Vielleicht liebe ich dich jetzt richtig.« Ich dachte, die Verbindung sei abgebrochen. »Jack? Jack, bist du noch da?«

»Ja. Gunilla, ich ... bitte sei nicht wieder böse auf mich, aber ich muß meinem Vater von uns erzählen.«

Ich wollte wahrlich keine neuerliche Auseinandersetzung. Ich war hoffnungslos verliebt.

Ich sagte: »Ist gut.«

Es kamen noch zwei Anrufe, bei denen wir eine Erörterung seiner Ehe vermieden. Aber Jack bat mich wieder, nach Capri zu kommen. Ich sagte nein. Eine innere Stimme wiederholte immerzu: *Wenn er meint, was er sagt, muß er eine Möglichkeit finden, zu dir zu kommen oder sich wenigstens auf halbem Wege mit dir zu treffen.* Diese Stimme hatte ich schon einmal gehört. Es war derselbe Instinkt, der mich vor anderthalb Jahren von einer Reise nach Paris oder Südfrankreich oder Amerika zurückgehalten hatte. *Ein Mann jagt einem Mädchen nach, bis sie ihn einfängt.*

Nun wechselte Jack seine Taktik.

Seine Einladung nach Capri erwähnte er nur noch ein einziges Mal, in Gestalt einer bunten Postkarte von der Piccola Marina (»Kleiner Strand«). Auf die Rückseite schrieb er: »Ich wünschte, *Du* hättest hier sein können.« Ende der Diskussion.

Ich wußte, es war richtig von mir gewesen, nicht hinzufahren, dennoch sehnte ich mich danach, wieder mit ihm zusammenzusein. Wie zuvor träumte ich davon, wie es hätte gewesen sein können, mit ihm in der Sonne zu liegen, mit ihm zu segeln, ihn zu lieben. Ihm einfach in die Augen zu blicken, den Schmerz und das Glück hinter dem klaren, zuweilen blendenden Blau zu sehen. Ich erinnerte mich – nein, ich sah es wahrhaftig vor mir, als ich in Styrmansgatan in unserem Wohnzimmer saß – an die Zärtlichkeit in seinem Blick, dachte an den kleinen Jungen, der er gewesen war, so aufgewühlt von körperlichen Schmerzen und emotionalem Verlangen, so begierig, zu gefallen, und an den Mann, der die Enttäuschung seiner Ehe nicht zu verbergen vermochte.

Und ihm zuzuhören, oder besser noch, von ihm angehört zu werden, wäre erregend gewesen. Daß Jack der erste Mensch in meinem Leben war, der mir das Gefühl gab, wichtig zu sein, das Gefühl, daß das, was ich sagte, von Bedeutung war, das übte eine ebenso machtvolle Anziehungskraft auf mich aus wie der romantische Charme seiner faszinierenden Persönlichkeit. Während unserer gemeinsamen Woche hatte Jack bei allem und jedem wissen wollen, was ich von den Ereignissen des Tages hielt. Und mit Jack gab es nicht einen einzigen unausgefüllten Augenblick.

Es wäre aus vielen Gründen herrlich gewesen, wieder mit ihm zusammenzusein. In Capri oder sonstwo. Aber ich hatte dieses kleine italienische Fenster einer Möglichkeit mit Bedacht geschlossen. Jetzt sprach Jack vom Rest seiner Europareise. »Ich muß nächste Woche nach Polen«, sagte er am Telephon. »Ich werde mich mit deinem Cousin in Verbindung setzen.« Das freute mich. Ich wußte, wie sehr Eric, seine Frau und seine Kinder in Båstad Jacks Gesellschaft genossen hatten.

Unterdessen kam mit dem Sinken der Temperatur die Gesellschaftssaison in Stockholm wieder auf Touren. In der ganzen Stadt luden mich Gastgeberinnen zu Geselligkeiten ein, so auch nach Drottningholm, wo sich auf einem weitläufigen, gepflegten, von Seen durchbrochenen Gelände der Königspalast ausbreitete. Ich besuchte alte Freunde unserer Familie in den hochherrschaftlichen Häusern außerhalb der Stadt – Pelle und Lott von Essen in ihrem prachtvollen Schloß Salsta in Uppland und insbesondere Hubbe und Muj von Schinkel in Tido in Västmanland; ihre Abendgesellschaften waren in altem Stil gehalten, wie Bälle im achtzehnten Jahrhundert, und dauerten bis zwei, drei Uhr morgens.

Ich war eine sehr begehrte junge Frau, und jedermann war darauf bedacht, mich ebenso begehrten jungen Männern vorzustellen. Ich lernte etliche kennen, doch ein Teil von mir weilte immer bei meinem amerikanischen Senator. Meine Devise hatte immer »alles oder nichts« gelautet, und dabei ist es bis heute geblieben.

Ich hörte nichts mehr von Jack Kennedy, bis er in Polen war. Mich erfaßte eine sonderbare Spannung zwischen meiner Liebe zu ihm und dem ständigen Zwang, auf seine Anrufe zu warten. Sicher, ich konnte ihm schreiben oder telegrafieren, wenn er mir die Adresse gab, aber das genügte nicht. Meine Hoffnung begann zu schwinden.

Ich war zuvor nicht auf diese Enttäuschung zu sprechen gekommen, weil ich fürchtete, seine Reaktion würde etwas mit Jacqueline zu tun haben. Das nächste Mal, wenn er anrief, wollte ich ihn zur Rede stellen.

Und am zweiten Tag nach seiner Ankunft in Warschau rief er von der amerikanischen Botschaft aus an.

»Gunilla? Wie ist es dir ergangen?« Seine Stimme war zärtlich und aufrichtig.

»Ganz gut, Jack. Wie war dein Flug?«

»Ziemlich wackelig. Ich bin in einer alten amerikanischen DC-3 samt polnischer Besatzung hierhergekommen. Ich glaube nicht, daß sie die Maschine gut kannten! Aber wir haben es geschafft. Gestern habe ich das alte Ghetto besucht. Es ist deprimierend. Doch ich möchte lieber von dir sprechen. Was hast du getrieben?«

»Ich war reiten, und ich bin viel ausgewesen, auf schönen Abendgesellschaften und Bällen. Aber ich vermisse dich, Liebling.«

»Ich dich auch. Ich denke oft an unsere Woche.«

»Ich auch.« Ich wollte wissen, ob er sich mit meinem Cousin Eric in Verbindung gesetzt hatte, der jetzt wieder an der schwedischen Botschaft in Warschau war. »Hast du mit Eric gesprochen, Jack?«

»Ja, gestern. Ich habe ihm alles erzählt. Ich meine, von meinen Gefühlen, von meinem Leben zu Hause. Ich will und werde mit dir zusammenbleiben. Ich telephoniere heute nachmittag mit meinem Vater.«

Mein Herz raste. Er versprach, mich am Abend anzurufen und mir von seinem Gespräch mit dem alten Joe zu berichten. Zum Schluß sagte er: »Ich liebe dich, Gunilla. Wirst du zu Hause sein, wenn ich anrufe?«

»Ich liebe dich auch. Ich werde da sein.«

Meine Eltern und Ewa gingen zu einer Abendgesellschaft, ich aber zog es vor, zu Hause zu bleiben, und
schützte Müdigkeit vor. Ich wartete unruhig und aufgeregt auf Jacks Anruf. Ich ging von einem Zimmer
zum anderen. Ich arrangierte die Blumen neu. Ich
rauchte eine Zigarette. Ich ging hin und her. Ich rauchte noch eine Zigarette. Endlich klingelte das Telephon.
Es war spät, aber meine Eltern und meine Schwester
waren noch nicht zurück.

Ich lief ins Wohnzimmer und nahm den Hörer ab.

»Gunilla?«

»Ja, Jack.«

»Ich habe mit meinem Vater gesprochen.«

Ich machte eine Atemübung – langsam durch-
atmen –, um mich zu beruhigen.

»Es war kein erfreuliches Gespräch«, sagte er.

»Was hat er gesagt?«

»Du kennst ihn nicht. Aber er kann – er ist un-
erbittlich.«

Ich wartete auf Näheres. Ich war jetzt ungeduldig
und brauchte dringend eine Erklärung. »Jack, bitte
erzähl mir, was er gesagt hat. Was ihr beide gesagt habt.
Ich muß es wissen.«

»Ich – ich habe ihm von dir erzählt. Entschuldige,
aber – abgesehen von deiner Familie und deinen

117

Freunden in Båstad habe ich mit niemandem über dich gesprochen, Torby ausgenommen. Es war so schwierig, Gunilla. Es ist unmöglich, ihm meine Probleme mit meiner Frau begreiflich zu machen. Er will nichts davon hören; denn sie hat ihn gern und er sie auch.«

»Aber du hast ihm von mir erzählt?«

»Ich habe gesagt, daß ich mich in dich verliebt habe, und daß ich so nicht weiterleben kann. Daß ich meine Ehe beenden möchte, um mit dir zusammensein zu können.«

»Was hat er gesagt?«

»Er hat es nicht bloß gesagt. Er hat mich angebrüllt: ›Du hast den Verstand verloren! Du wirst eines Tages Präsident werden! Das würde alles verderben! Eine Scheidung ist unmöglich! Denk dran, was mit mir und Gloria Swanson passiert ist!‹ Er sagte auch, ob meine Ehe glücklich sei oder nicht, das spiele keine Rolle. Er wiederholte, was er uns unser Leben lang gepredigt hat: ›Kriegst du es nicht in deinen Schädel, daß es nicht wichtig ist, was du wirklich bist? Das einzig Wichtige ist, was die Leute *denken*, was du bist!‹«

Mir sank der Mut. »O Jack, ich weiß nicht. Das wird kompliziert.«

»Ja. Sieht ganz danach aus. Schau. Ich fühle mich schrecklich. Ich ertrage es nicht, hierüber zu sprechen – über uns zu sprechen –, ohne bei dir zu sein. Ich lasse mir etwas einfallen. Ich habe morgen früh eine Konferenz, aber gegen Mittag kann ich dich anrufen. Kurz vorher oder nachher. Bitte warte auf mich. Kannst du?«

»Ja. Ruf mich morgen an.«

Und wieder wartete ich. Am nächsten Tag rief Jack vor Mittag an. Er klang zuversichtlich. Ich faßte Mut.

»Ich habe eine Idee«, sagte er fast außer Atem. »Ist es schwierig für dich, nach Kopenhagen zu kommen?«

»Nein.« Ich wußte, daß ich es bewerkstelligen konnte, und wenn Mamma noch so sehr dagegen war.

»Ich muß für zwei Tage nach Zürich, dann zurück nach Warschau, danach nach Hause. Aber ich werde die Botschaft veranlassen, meinen Flug über Kopenhagen umzubuchen. Wenn das klappt, können wir uns dort treffen? Es wird noch in dieser Woche sein.«

»Ja. Ich kann kommen. Ich möchte dich auch unbedingt sehen.«

Im Telephon war ein leichter Seufzer der Erleichterung zu hören, fast unmerklich, aber da. »Ich gebe dir Bescheid, sobald ich kann. Oh – und, Gunilla? Denk dran – ich liebe dich.«

»Ich liebe dich auch.«

»Leider wird es schwierig mit dem Flug nach Kopenhagen«, sagte Jack bei seinem nächsten Anruf.

Bevor ich meine Enttäuschung äußern konnte, hellte seine Stimme sich auf. »Aber ich habe eine andere

Idee. Wie wäre es, wenn du zu einem Besuch in die Staaten kommst?«

Jack hatte mich in einer heiklen Verfassung erwischt. Am Abend zuvor war ich auf einer mittelgroßen Gesellschaft gewesen. Der Gastgeber war ein guter Freund meiner Eltern, daher mußte ich hingehen. Halbherzig hatte ich ein hübsches Abendkleid und ein Paar schicke Schuhe herausgesucht und mich wie ein zögerndes Aschenputtel auf den Weg zum Ball begeben, wohl wissend, daß mein Prinz nicht da sein würde. Und er war nicht da.

Mein Gesellschaftsleben hatte sich seit Jacks Abreise genauso abgespielt, wie ich es ihm geschildert hatte – reiten und »schöne Abendgesellschaften und Bälle« –, und wenngleich viele der Menschen, denen ich begegnete, sehr anziehend waren, gab es auch einige Langweiler unter ihnen. Ich mochte nicht einmal Interesse heucheln, wenn ein Mann anfing, mir von seiner Familie oder seinen Stallungen zu erzählen, aber ich war erzogen worden, mich jederzeit gut zu benehmen, weswegen ich hin und wieder liebenswürdig lächelte und nickte. Um meine Langeweile zu verbergen, tanzte ich einfach weiter. Ich vermißte Jacks Zuwendung und sein aufrichtiges Interesse für das, was ich zu sagen hatte.

Meine Sehnsucht nach ihm war heftiger denn je, und um nicht den Verstand zu verlieren, konnte ich nichts weiter tun, als an seinen Charme zu denken, sein wunderbares Gesicht, seinen Humor. Jack Kennedy hatte mir eine ganz neue Welt eröffnet.

Daher war der Gedanke, ihn in den Staaten zu besuchen, wenn auch nur für kurze Zeit, mehr als verlockend. Wenn wir uns nicht in Kopenhagen treffen konnten, dann war ein Urlaub für eine Woche in Amerika – zumal, wenn ich mit ihm zusammensein konnte – unwiderstehlich. Ich fürchte, ich habe viel zu schnell und eifrig »Ja!« gesagt, denn wie immer hüpfte mein Herz, wenn der gesunde Menschenverstand hätte vorherrschen sollen.

Während ich verzweifelt auf weitere Nachricht wartete, rief ich meinen Cousin Eric in Warschau an und fragte ihn: »Hat John Kennedy mit dir über mich gesprochen?«

Eric erwiderte: »Ja.«

»Hat er dir gesagt, daß er mich liebt und seine Frau verlassen will?«

»Gunilla, ich werde dir dieses eine Mal ehrlich antworten, und so lange ich lebe, wird es unter uns bleiben. Ja, das hat er mir gesagt. Aber du sollst hier und jetzt wissen: Wenn es je wieder zur Sprache kommt, wird meine Antwort sein: ›Kein Kommentar.‹«

Eric hielt Wort. Bis zum Tage seines Todes weigerte er sich, wenn eine Diskussion über die Natur meiner Beziehung zu Jack Kennedy aufkam, irgend etwas zu leugnen oder zu bestätigen. Er sagte nur: »Kein Kommentar.«

Obwohl ich Erics Bestätigung eigentlich nicht brauchte, bestärkten seine Worte mich in meinem Glauben, daß – für jetzt und für die Ewigkeit – Jack und ich uns liebten, und das konnte uns niemand nehmen, was auch immer geschah.

Den nächsten Brief von Jack, in Zürich abgestempelt, aber auf dem Flughafen in Polen geschrieben, erhielt ich wenige Tage nach unserem Gespräch. Da sich ein Treffen in Kopenhagen nicht ermöglichen ließ, flehte er mich abermals an, in die Staaten zu kommen.

Ich war nicht nur berauscht von seinem Verlangen nach mir – trotz der Komplikationen, die uns voneinander fernhielten –, sondern auch davon, daß sein Brief tatsächlich anders *aussah* als die anderen. Früher, als er aus Washington geschrieben hatte, sogar aus dem Krankenhaus, wo er so sehr litt, war seine Handschrift groß, schwungvoll gewesen, mit einer Dynamik, die auf Zuversicht und Heiterkeit schließen ließ. Aber jetzt war seine Schrift kleiner, gemessener und verlief in geraden Zeilen über die Seite.

Die Art, wie Jacks Worte in seine Feder flossen, verriet seine Gefühle. Ich hielt das Blatt in meinen Händen und erkannte, daß er und ich dieselbe Traurigkeit empfanden. Mit Kopenhagen würde es nicht klappen.

So. Kein Kopenhagen. Capri war erledigt, das hatte ich mir selbst zuzuschreiben. Die Hindernisse waren gewaltig: Jacks Ehe, seines Vaters Macht über ihn, sein politischer Ehrgeiz. Der Gedanke, nach Amerika zu eilen und mich in seine Arme zu werfen, war erregend, ein wilder Traum. Aber ich wußte, daß es klüger war, ein für allemal ein Ende zu machen und mein Leben fortzuführen.

Anders

*J*ack rief Anfang Oktober an, eine Woche vor seiner Abreise nach Washington. Es wurde unser bis dahin längstes Telephongespräch. Seine Pläne für uns waren weit über einen gelegentlichen Besuch hinaus gediehen; er wünschte eine festere Beziehung.

»Ich kann es einrichten, daß du nach New York kommst«, sagte er. »Bist du erst einmal hier, kann ich mich um dich kümmern. Ich kann dich vorerst im Carlyle unterbringen, bis wir uns über das Weitere einig sind.«

»Und was wäre das Weitere, Jack?«

Er hatte es sich offenbar gut überlegt, denn er zögerte keine Sekunde mit der Antwort: »Ich mache dich zu einem begehrten Mannequin in New York. Ich kann dich den richtigen Leuten vorstellen. Freilich müßtest du ein paar Pfund abnehmen. Die amerikanischen Mannequins sind mager, und na ja, du siehst vielleicht etwas zu gesund aus!«

»Du weißt, wie sehr ich gutes Essen liebe.«

Wieder sein Lachen. Dieser wunderbare Klang. »Und ob ich das weiß! Keine Bange. *Zu* dünn wollen wir dich nicht haben.«

»Und wie passe ich in dein Leben, Jack?«

»Ich liebe dich. Du wirst sehen. Ich finde einen Ausweg.«

Ich hätte ihm gerne gesagt, daß ich jeden Tag voller Liebe an ihn dachte und daß mein letzter Gedanke am Abend vor dem Einschlafen ihm galt.

Aber ich fragte nur: »Wann?«

»Morgen. Übermorgen. Nächste Woche. Ich muß dich sehen«, bat er inständig.

»Ich gebe dir Bescheid.«

»Bald? Bitte, Gunilla. Schreib mir an ...«

»Ich weiß. An dein Büro in der Senatsbehörde.«

Aber ich schrieb nicht. Es fiel mir schon schwer genug, mich auf Schwedisch auszudrücken, und als ich überlegte und überlegte, wurde mir klar, daß meine Empfindungen in bezug auf einen derartig einschneidenden Schritt zu vielschichtig waren und es mir schier unmöglich war, sie in irgendeiner Sprache zu vermitteln, geschweige denn, sie auf Englisch niederzuschreiben. Ich begehrte Jack nach wie vor so sehr, wie er mich begehrte, aber über den Atlantik nach Amerika zu reisen, um ihn wiederzusehen, ohne zu wissen, für wie lange, ohne zu wissen, ob er jemals frei sein würde, ohne überhaupt viel über New York oder die Vereinigten Staaten zu wissen – dies alles türmte sich zu Hindernissen bei der Erfüllung meines romantischen Traums, den ich von uns beiden hegte.

Doch ich hatte unterdessen gelernt, daß uns Hindernisse in den Weg gelegt wurden, um überwunden zu werden, und ich war waghalsig genug, um mich hindurchzukämpfen. Ich fühlte mich abenteuerlich und stark, und ich war nach wie vor ungeheuer verliebt.

Ich ging zur amerikanischen Botschaft in Stockholm, um mich nach den Voraussetzungen für ein Visum zu erkundigen. Ich kannte eine Frau namens Olga Tyszkiewicz und nahm Kontakt zu ihrem Bruder Serge Obolensky in New York auf. Serge war ein hochgewachsener russischer Emigrant, der dank seiner Herkunft, seiner Haltung und seines aristokratischen Charmes zu einer bedeutenden Persönlichkeit der amerikanischen Gesellschaft geworden war. Offiziell war er eine Führungskraft für Öffentlichkeitsarbeit, aber er genoß weitaus mehr Ansehen. Sein wichtigster Kunde war das New Yorker Hotel Ambassador in der Park Avenue, und als ich ihm mitteilte, daß ich vielleicht nach New York kommen und während meines Aufenthaltes möglicherweise Arbeit brauchen würde, meinte er, er könne versuchen, mir eine Beschäftigung an der Rezeption des Hotels zu verschaffen. Das war ermutigend, nur für den Fall, daß ich es brauchen würde.

Nach zwei Tagen und zwei unruhigen Nächten faßte ich einen Entschluß. Ich meldete ein Überseegespräch

zum Senat in Washington, D. C. an und hinterließ eine
Nachricht für Senator Kennedy, er möge mich anrufen,
so bald er könne, und es war mir einerlei, ob er verärgert war oder nicht.

Er war keineswegs verärgert. Er rief am nächsten
Tag zurück. Das Problem war nur, daß er an meiner
Statt meine Mutter erwischte und ich erst nach Hause
kam, als sie auflegte. Ich fragte sie, wer angerufen
habe, und sie sagte es mir. Sie hatte den Gesichtsausdruck einer liebenden, aber grimmigen Tigerin, die
ihr Junges beschützt.

Ich sagte, ich wolle nach Amerika, um ihn zu sehen.

»Gunilla, laß uns darüber sprechen, Liebes.«

Sie stand auf und schritt langsam über den Perser-
teppich zu einem mit blaßgoldener Seide bezogenen
Kanapee aus dem achtzehnten Jahrhundert, das vor
einem der breiten Flügelfenster mit Blick auf Styrmansgatan stand. Sie nahm darauf Platz, strich ihren
Rock glatt und sah mich an.

Ich setzte mich ihr gegenüber. Ich konnte die
Wipfel der kahlen Bäume draußen sehen. Mein Rük-
ken wurde von dem klassischen Porzellanofen in der
Ecke gewärmt, aber sowohl meine Mutter als auch das
karge herbstliche Panorama sahen nach zeitigem Frost
aus.

»Wie immer hatten Jack und ich ein langes Gespräch«, erklärte sie gelassen.

»Was hat er gesagt?«

»Beginnen wir mit seiner Idee, aus dir ein Mannequin zu machen und dich in einem New Yorker Hotel unterzubringen.«

»Schön. Ich bin überzeugt, daß du ihm deine Meinung gesagt hast.«

»Allerdings. Ich sagte: ›Wir lieben Sie, Jack, aber das ist nichts für Gunilla.‹«

Tränen stiegen in mir auf. Ich glaube, ich verstand. Aber ich mußte mit ihm reden. »Ich muß selbst mit ihm sprechen.«

Mamma sah mich offen an. »Ich weiß. Das brauchte ich ihm nicht erst vorzuschlagen. Er ist für ein paar Wochen sehr beschäftigt, aber er sagte, er wird mit dir sprechen, sobald er kann.«

»Wird er es tun?«

»Jack und ich haben eine mehr als herzliche Beziehung. Wir verstehen uns. Er wird Wort halten. Er wird anrufen, das weiß ich. Es gibt etwas, worüber er mit dir sprechen muß.«

»Was?«

»Das wird er dir am Telephon sagen.«

In dem Sommer, bevor ich Jack begegnete, hatte ich in Stockholm eine Ausbildung zur Laborantin gemacht. Jetzt kam mir diese Erfahrung zugute. Ich wollte mich beschäftigen, daher meldete ich mich freiwillig beim Södersjukhuset Hospital, um für die Ärzte und Professoren Untersuchungen durchzuführen. Ich interessierte mich besonders für antibakterielle Hygiene. Ich kam mir nützlich vor, da ich eine Arbeit tat, die Menschen sowohl helfen als auch schützen konnte.

Auch mein Gesellschaftsleben kam nicht zu kurz. Ich nahm eine Einladung zu einem jener großen, glanzvollen Feste an, die mein Freund Curt – genannt »Curre« – Smith und seine Frau Sonia in ihrer Villa Värsta Gård außerhalb von Stockholm zu geben pflegten. Als ich an jenem Abend ankam, führte Curre mich zu einem großen, stattlichen und sportlich wirkenden Mann in einem tadellosen Anzug.

»Gunilla, das ist Anders Ekman«, sagte er in verschwörerischem, triumphierendem Ton. »*Er* ist der richtige Mann für dich!« Dann wandte sich Curre an Anders: »Dies, Anders, ist das richtige Mädchen für dich.«

Ich mußte zugeben, daß er eine ziemlich gute Figur machte: kräftig, von gesundem Aussehen, mit genau dem Lächeln, das mich ansprach – offen und ehrlich. Nachdem wir uns vorgestellt worden waren, begab ich mich zu meinem Tisch, aber als nach dem Essen die Musik zu spielen begann, war er der einzige Mann im Raum, mit dem ich nicht tanzte. Als ich ging, sah Anders Ekman mich mit großem Interesse an.

Ein paar Wochen später erfuhr ich, daß Ekman von seiner Frau getrennt lebte und die Scheidungspapiere zur Unterzeichnung bereit waren.

Ich beabsichtigte, meine Rolle als Ballschönheit in dieser Saison voll auszuspielen, doch eine Art schleichende Erschöpfung hatte sich meiner bemächtigt. Mein Herzmuskel war vom Typhus noch angegriffen, so daß ich mich hin und wieder schwach fühlte. Da ich mich gut genug kannte, nahm ich es auf die leichte Schulter.

An einem Sonntag im Oktober aß ich mit meiner Familie zu Abend und wollte früh schlafen gehen. Ich war müde nach einer langen Samstagnacht bei einer anderen Abendgesellschaft. Ich hatte mir die Haare gewaschen und war auf dem Weg ins Bett, als ich das Telephon klingeln hörte. Eine Minute später rief meine Mutter, es sei für mich.

Ich zog meinen Morgenrock an und eilte durch den Flur. Mein gespannter Gesichtsausdruck gab Mamma deutlich zu verstehen, daß ich hoffte, es sei Jack. Aber sie schüttelte den Kopf. »Es ist Curre Smith«, sagte sie.

Curre klang lebhaft und aufgekratzt. »Gunilla, Liebe, du mußt kommen und uns Gesellschaft leisten. Wir sind mit Genia und Gregor im Cecil, und rate mal, wer noch hier ist!«

Es war mir herzlich egal, aber ich heuchelte Interesse. »Ich habe keine Ahnung. Wer?«

»Ich habe deinen Ehemann in spe hier. Anders Ekman!«

Wieder dieser Anders Ekman. Vielleicht sollte ich ihn noch einmal in Augenschein nehmen, dachte ich.

Ich gab mir einen Ruck. »Ich habe schon gegessen, aber ich könnte auf ein Glas vorbeikommen oder einen Nachtisch und einen Kaffee«, sagte ich.

Das Cecil war ein feines Restaurant mit eleganten Gästen, da konnte ich nicht einfach irgend etwas anziehen. Ich bürstete meine Haare und zog ein schickes purpurrotes Kostüm mit einem roten Schal an; um den Hals trug ich eine Goldkette. Dann noch mein Kaschmirmantel, und ich war fertig zum Ausgehen.

Ich liebe Nachtlokale, besonders die lebhaften mit fröhlichen Menschen, gutem Essen, gutem Service und einnehmendem Dekor. Das Cecil verdient eigentlich die Bezeichnung Bar-Restaurant, ganz ähnlich wie es das Restaurant des Hotels Carlyle in New York heute ist, mit Pianomusik, bequemen Möbeln im Stil der dreißiger Jahre und den amüsantesten Gästen der Stadt. Es war besonders Samstag nachmittags ein beliebter Treffpunkt – man ging hin, um Cocktails und Horsd'œuvres zu bestellen und die Neuigkeiten des Tages auszutauschen. An dem Abend, als Curre anrief, kam ich ins Cecil, nahm in einem der großen, luxuriösen Sessel Platz und wurde erneut mit Anders Ekman bekanntgemacht. Binnen einer halben Stunde geschah etwas zwischen uns.

Wie John Kennedy achtete dieser Mann auf das, was ich dachte und sprach. Er sah wirklich sehr gut aus, und er strahlte eine Behaglichkeit und Geborgenheit aus, die mich anzog. Und da er Schwede war, hatte unsere Unterhaltung zudem die Leichtigkeit der gemeinsamen Muttersprache.

Als Anders mich nach Hause fuhr, fragte er, ob er mich nächste Woche zum Essen ausführen dürfe, und ich sagte zu.

Wieder daheim, klopfte ich beim Zimmer meiner Schwester an, ging hinein und setzte mich auf ihr Bett.

»Ewa. Ich glaube, ich habe einen netten Mann kennengelernt. Er heißt Anders Ekman.«

»Meine Güte, Nilla! Alle Frauen in Stockholm sind hinter ihm her!«

Das hatte ich nicht gewußt, aber es überraschte mich nicht. Ich dachte, es lag an seinem guten Aussehen. Seine Beliebtheit spielte für mich keine Rolle. Wenn ich Anders attraktiv fand, dann deswegen, weil er auf mich so wirkte. Wie bei Jack war das einzige, was für mich zählte, der Mann selbst.

»Könntest du Jack seinetwegen vergessen?« fragte Ewa.

»Ich kann Jack niemals vergessen.«

Wenn Anders Jacks eisernen Griff an meinem Herzen nicht lockern konnte, dann nur, weil sie so verschieden waren. Jack brannte wie ein strahlender Komet am Himmel. Anders war wie der Erdboden. Stiller. Solide und stark, wie ein Fels.

Nach zwei weiteren gemeinsamen Essen wußte ich, daß Anders' Tätigkeitsfeld nichts mit meinem zu tun hatte, dennoch gewann er mein Interesse. Er war

Landbesitzer und Sportler. Er liebte es, auf seinem Anwesen »im Norden«, einem Haus namens Tjälls Gård, über fünfhundert Kilometer oberhalb von Stockholm – was sehr weit nördlich ist –, angeln zu gehen und bei Tagesanbruch aufzustehen, um zu schießen, zu jagen und Tennis zu spielen. Ich vermutete, sein dortiger Besitz sei eine im Wald versteckte Jagdhütte und fragte ihn nicht weiter danach.

Täglich wartete ich auf einen Anruf aus Amerika, aber eine neue Erkenntnis regte sich in mir: Wenn ich Jack nicht auf die Weise haben konnte, wie ich ihn brauchte und wollte, dann konnte Anders mir vielleicht ein glückliches Leben bieten.

Wir hatten eine dritte Verabredung, in deren Verlauf er mir mitteilte, daß es mit ihm und seiner Frau Mimmi endgültig vorbei sei. Sie werde das entscheidende Papier nun jeden Tag unterschreiben. Dann aber erklärte er, daß er nach Holland wolle, um Louise zu besuchen, eine alte Liebe von ihm; er werde in einer Woche zurück sein. Ich ahnte, daß diese Frau Anders' erste Liebe gewesen war, lange bevor er Mimmi begegnete, aber meine Reaktion war erstaunlich: Ich war nicht eifersüchtig. Ewa fragte mich, warum.

»Alten Brei kann man nicht aufwärmen«, antwortete ich.

Diese Selbstsicherheit war neu an mir, und ich schrieb sie Jack zu. Wenn ein so wunderbarer Mann wie John Kennedy sich in mich verlieben konnte, dann durfte ich mir eine wachsende Zuversicht gestatten: Anders' alte Freundin stellte keine Bedrohung dar.

Ich behielt recht, was den alten Brei betraf. Als Anders aus Holland zurückkehrte, war er romantischer denn je. Einmal führte er mich ins Grand Hotel aus. Er war ein großartiger Tänzer, aufmerksam und anmutig. Ich freute mich mehr und mehr darauf, ihn zu sehen.

Und dann rief Jack an, genau wie er es Mamma versprochen hatte. »Entschuldige, daß es so lange gedauert hat, Gunilla. Hier tut sich so viel. Es ist die Rede davon, daß ich nächstes Jahr für das Amt des Vizepräsidenten kandidiere. Ein Mann namens Stevenson wird wohl Präsident werden. Ich bin nicht sicher. Ich halte es für eine vage Vermutung. Aber das soll dich nicht kümmern. Wie ist es dir ergangen?«

Jacks politische Ambitionen waren mir nicht unbekannt. Alle paar Wochen ging ich ins Grand Hotel zu dem großen Stand mit den internationalen Zeitungen. Selbst mitten in Stockholm wurde ich an Jack erinnert. Ich dachte daran, was er mir letzten Dezember in seinem langen Brief aus dem New Yorker Krankenhaus geschrieben hatte. Abgesehen davon, daß er mein Herz schneller schlagen ließ, wenn er schrieb, ich habe »ein schönes, beherrschtes Gesicht«, das ihm nicht mehr aus dem Sinn gehe – ein Satz, der mir nicht mehr aus dem Sinn ging –, hatte er eine Krankenschwester auf seiner Station erwähnt, die aus Schweden gekommen war. Er bedauerte, daß sie dunkelhäutig war und schwarze Haare hatte. Er hatte sie gefragt, warum sie das »Venedig des Nordens« verlassen habe und nach New York gegangen sei, und sie hatte erwidert, Manhattan sei viel schöner. Er schien darüber erstaunt und folgerte daraus, daß sie vermutlich Französin war. Ich gewann den Eindruck, daß er sich nicht viel aus ihr machte.

Ich dachte oft an diesen Brief. Er war nicht nur romantisch und rührend; Jack hatte auch recht, was Stockholm betraf, das – auf mehr als einem Dutzend Inseln erbaut – Venedig wirklich sehr ähnlich ist. Aber ich machte mir auch Gedanken über seine dunkelhaarige Krankenschwester aus Schweden. Trotz meines Vorsatzes, mich nicht über solche Dinge zu grämen, fragte ich mich unwillkürlich, ob sie seiner dunkelhaarigen Ehefrau französischer Herkunft ähnelte.

Obwohl ich wußte, daß es meiner seelischen und emotionalen Gesundheit nicht gerade zuträglich war, kaufte ich im Grand Hotel des öfteren die Pariser Ausgabe des *Herald Tribune* und ein paar amerikanische Zeitschriften – *Time* und *Newsweek*. Ab und zu, manchmal auf die letzten Seiten verbannt, manchmal an sichtbarerer Stelle, brachten sie Pressemitteilungen über John F. Kennedy – aber wenn ich etwas über ihn las, regte ich mich nur auf. Für mich am bedeutsam-

sten war eine kurze Notiz, wonach der junge Senator
Kennedy und seine reizende Gattin Jacqueline in Vir-
ginia eine große georgianische Villa namens Hickory
Hill gekauft hatten. Dort gab es Stallungen für Jacquelines Pferde und ein Schwimmbecken für ihn, um seinen schlimmen Rücken trainieren zu können. Jackie
gestaltete das ganze Haus neu.

Als ich jetzt seine Stimme am Telephon hörte, zitterte ich. Doch ich bemühte mich, ruhig zu klingen.
Seine Karriere war mir wichtig, aber noch wichtiger
war mir, was er fühlte. Ich antwortete auf seine Frage:
»Es ist mir gut gegangen, Jack. Ich hatte viel zu tun.
Dein Leben muß jetzt sehr aufregend sein.« Ich
schwieg einen Augenblick, er ebenfalls.

Dann sagte er: »Ich hätte dich gern früher angerufen. Ich habe jeden Tag daran gedacht. Gunilla, es tut
mir so – es tut mir so leid, und ich bin so traurig. Ich
kann einfach nicht – ich meine, ich muß diesen Weg
weitergehen. Es ist, als würde hier alles vorwärtsrollen,
ohne Bremsen. Ich kann es nicht aufhalten.«

Ich fragte mich, ob er *kann nicht* meinte oder *will
nicht*. »Möchtest du Vizepräsident werden?«

»Ehrlich gesagt, ich glaube nicht, daß es mir gelingt.
Ich denke, ich sollte auf den großen Wurf, das große
Amt in vier Jahren warten. Da besteht eine magere
Chance, wenn sich alles richtig fügt.«

Dies war ungeheuer wichtig. Wichtig für Jacks politische Zukunft und vielleicht für die Zukunft seines

Landes. Es war auch wichtig für uns und für meine Zukunft.

»Jack, meine Mutter sagte, du hättest mir etwas zu sagen.«

»Ja.« Seine Stimme klang erstickt. »Ja, ich habe dir etwas zu sagen.« Diesmal schien die Pause endlos. Und ich dachte nicht daran, sie zu beenden.

Er sagte: »Jackie ist schwanger.«

Ich war wie vor den Kopf geschlagen.

»Gunilla? Alles in Ordnung mit dir, Liebste?«

»Nein, durchaus nicht. Mein lieber Jack, jetzt werden wir uns wohl nie wiedersehen, nicht?«

»Glaub das nur nicht.«

Plötzlich hatte ich eine Menge zu sagen. »Was kann ich denn sonst glauben? Du kannst deine Frau jetzt nicht verlassen. Du kannst deine Karriere nicht aufgeben. Ich habe in einem Traum gelebt. Ich liebe dich, Jack, ich werde dich immer lieben, und ich war versucht, nach New York zu kommen, ich wollte es wirklich, aber ich muß mein Leben leben, und ich habe eine Zukunft. Ich möchte eine eigene Familie haben.«

Er nahm sich Zeit, bevor er sagte: »Das möchte ich auch. Ich hoffe, ein Kind wird uns helfen. Aber ich kann für meine Frau nicht dasselbe empfinden wie für dich.«

»Doch, das kannst du! Gib dir Mühe! Ich glaube, sie gibt sich große Mühe!« Ich holte tief Atem und sagte langsam: »Ich habe hier einen sehr netten Mann kennengelernt. Er interessiert mich. Ich glaube, er würde ein wunderbarer Ehemann sein.«

Nach einer kurzen Pause sagte er: »Das freut mich für dich. Du hast recht. Mit allem. Ich bin egoistisch.«

»Nein, du bist nur ...«

»Egoistisch. Weil ich nicht genug an dich gedacht habe. Nur an mich. Würdest du mir einen Gefallen tun, Gunilla?«

»Natürlich.«

»Laß mich wissen, wozu du dich entschließen wirst.«

»Ich gebe dir Bescheid ... was auch geschieht. Und du weißt, ich wünsche dir das Allerbeste auf der Welt.«

»Danke. Ich liebe dich, mein Schatz.«

Ich blieb sehr lange neben dem Telephon sitzen.

Wiedersehen

*I*m Herbst 1955 nahm ich im Nordiska Kompaniet, dem großen Stockholmer Kaufhaus, zum zweitenmal einen Vorweihnachtsjob als Verkäuferin von Accessoires an, eine Arbeit, die ich gern und gut machte. Mit fliegenden Fahnen bestand ich zudem die Prüfung an Angeldorffs Kochschule. Und ich traf mich nach wie vor sehr oft mit Anders Ekman. Anfang Dezember sagte er, er wolle mit meiner Mutter und meinem Vater sprechen.

»Er möchte um deine Hand anhalten«, berichtete Mamma. »Natürlich haben wir ihn gern, Gunilla, aber ich habe zu ihm gesagt: ›Meinen Sie nicht, daß Sie zuerst Gunilla fragen sollten? Wir sind mit Ihnen einverstanden, Anders.‹«

Er fragte mich, ich sagte ja, und schon war der Ring an meinem Finger. Ich war verlobt.

Bald darauf lud Anders mich und meine Eltern über Sylvester nach Tjälls Gård ein, und wir sagten zu.

Am 30. Dezember fuhren Mamma, Pappa und ich mit dem Nachtzug nach Norden. Es war noch dunkel, als Anders uns mit einem riesigen Mercedes am Bahnhof Långsele abholte. Er fuhr mehrere Kilometer, dann bog er in eine Privatstraße ein und sagte »Wir sind da«, aber ich sah nichts. Alles, was die Scheinwerfer erkennen ließen, waren schneebedecktes Laubwerk und Felder. Es stellte sich heraus, daß die kilometerweiten Wald- und Ackerflächen ringsum ihm gehörten. Als wir um die Ecke bogen, verschwanden die Bäume, und vor uns erhob sich ein Herrschaftshaus aus dem neunzehnten Jahrhundert, dessen Fenster fast alle erleuchtet waren.

»Das ist Tjäll«, sagte Anders.

Meine Mutter und ich rissen unsere erstaunten Blicke von der palladiohaften Anlage los – deren strenge Formen und schlichte Geometrie für den schwedischen Landhausstil bezeichnend waren, aber einen starken französischen Einfluß aufwiesen – und sahen uns an. *Dies* also war die kleine Jagdhütte im Wald!

Sogleich erschienen zwei livrierte Diener und entluden den Kofferraum. Wir traten ins Haus. Das Haupthaus hatte vierundzwanzig Zimmer und ein Innenschwimmbad; es war von Tennisplätzen, Gemüse- und Blumengärten sowie sorgsam gepflegten Anlagen umgeben. Als man uns in unsere Unterkunft führte, damit wir uns frischmachen und zum Frühstück umkleiden konnten, wurde mir klar, daß, selbst wenn Anders tatsächlich einer der reichsten Männer Skandinaviens sein sollte, es nicht dies war, was mich für ihn einnahm. Meine Zuneigung zu ihm hatte lange vor diesem Besuch zu reifen begonnen. Die gramvolle Leere, die Jack hinterlassen hatte, wurde langsam von einer anderen Form der Verehrung gefüllt, und ich hieß sie mit Erleichterung und offenen Armen willkommen.

Silvester war ein Feiertag, wie er im Buche steht: Als wir unter dem Klingeln der Schlittenglocken durch Schneewehen zur Kirche von Multra fuhren, war es, als seien wir einer Szene aus *Doktor Schiwago* entstiegen. Lodernde Feuer, Kerzenschimmer und festliche Mahlzeiten ließen uns die Kälte und die langen, dunklen Winternächte vergessen. Es gab verschiedene Pasteten, Weißfische, große gebratene Schinken, dazu dunkles Brot, um den Bratensaft aufzutunken, Fleischbällchen, Heringe, Würste und Apfelstrudel. Anders war ein Liebhaber von Schweinsfüßen, ich entschieden nicht; ich konnte nicht einmal ihren Anblick ertragen! Es wurde gesungen, getanzt, es gab jede Menge Spirituosen, guten Wein und Gelächter.

Wir befolgten einen alten schwedischen Silvesterbrauch: Kurz bevor es Mitternacht schlug und draußen die Kirchenglocken zu läuten begannen, schalteten wir das Radio ein, um einem beliebten alten Schauspieler namens Anders de Wahl zu lauschen, der wie alle Jahre »Ring Klocka, Ring!« las. Als die Glocken zur Mitternacht läuteten, rissen wir alle Türen des Hauses auf, um das Jahr 1956 zu begrüßen; dann ließen wir die Sektkorken knallen.

Nach einem fröhlichen, erschöpfenden Aufenthalt waren wir eine gute Woche später wieder in Stockholm. Die Verlobungszeit war wie ein erregender Wirbelwind. Anders' Energie war phänomenal, aber ich hielt Schritt. Leider weigerte sich Mimmi, seine von ihm getrennt lebende Frau, die Scheidungspapiere zu unterschreiben, als sie von unserer Verlobung hörte. Im Januar eröffnete mir Anders, er werde an einer Safari in Afrika teilnehmen, und bat mich, ihn zu begleiten. Ich sagte:»Nein, mein Lieber. Wir sind verlobt, und du bist noch nicht geschieden. Ich finde das nicht richtig.« Ich verließ Stockholm und ging nach Wien, um Deutsch zu lernen und Goethe zu lesen. Ich wohnte bei einer netten Familie namens von Schönburg in der Rainergasse 11.

Drei Wochen später kam ein Telegramm aus Afrika. Mimmi wolle die Papiere nun doch unterschreiben.

ERWARTE DICH IN NAIROBI. LIEBE DICH. BITTE KOMM. REISE ARRANGIERT. IN LIEBE ANDERS.

Und ich fuhr hin: Besichtigungstouren, jagen, eine Photosafari. Ich ritt sogar mit Gustaf Kleen um die

Wette, den alle Romulus nannten, weil er in Rom geboren war. Er war der Neffe der Schriftstellerin Karen
Blixen, besser bekannt unter dem Namen Tania Blixen. Anders und ich wollten in Nairobi heiraten, aber
Mimmi hatte immer noch nicht unterschrieben.
Wir fuhren mit dem Schiff durch den Suezkanal,
reisten dann von Mombasa nach Marseilles und von
dort nach Paris. Ich merkte allmählich, daß Anders
Ekmans Energie schwer beizukommen war. Aber ich
mochte unternehmungslustige, vitale Männer, deshalb
hielt ich Schritt und schob ein Schläfchen ein, wann
immer ich konnte.

In Paris las ich in der Pariser Ausgabe des *Herald
Tribune*, daß John Kennedy auf der Parteiversamm-
lung der Demokraten seine Kandidatur für die Vize-
präsidentschaft angemeldet hatte. Das Photo von ihm
schnitt ich aus und steckte es in meine Handtasche.
Obwohl mir Anders zunehmend mehr bedeutete, hielt
Jack immer noch einen erheblichen Teil meines
Herzens besetzt. Ich sollte im Laufe der Jahre noch
viele Bilder von Jack aufbewahren.

In einer anderen Ausgabe derselben Zeitung las ich,
daß Jacqueline eine Fehlgeburt hatte. Ich wünschte, ich
hätte Jack auf irgendeine Weise trösten können. Es war
dies das erste Mal, daß ich Jack Anders gegenüber erwähnte. Ich sagte: »Ich habe John Kennedy vor ein paar
Jahren in Südfrankreich kennengelernt, und es stimmt
mich traurig, daß seine Frau ein Kind verloren hat.«

Als wir nach Stockholm zurückkehrten, hatte Mimmi eingelenkt und die Scheidungspapiere unterzeichnet.

Ich schrieb Jack und drückte ihm mein Mitgefühl aus. Ich teilte ihm mit, daß meine Pläne feststanden und ich im Sommer heiraten würde. Die Hoffnung auf einen Besuch in den Vereinigten Staaten sei damit wohl aufgehoben, zumindest aufgeschoben. Doch wie auch immer, sollte ich nach Amerika kommen, dann als verheiratete Frau, vielleicht gar als junge Mutter. Vor allem aber wollte ich ihn wissen lassen, wie wichtig er für mich gewesen war, und das schrieb ich ihm.

Am 18. Juli 1956 wurde ich Frau Anders Ekman. Es war eine schlichte Trauung in der Wohnung meiner Eltern. Alles ging gut, bis auf eins: Kurz bevor der Pfarrer kam, hatte ich ein Nickerchen gemacht, und als ich aufstand, sahen meine Haare höchst seltsam aus, kraus und feucht. Ich versuchte eiligst zu retten, was zu retten war, aber es klappte nicht recht. Als ich hinging, um mein Ehegelübde abzulegen, sah Anders mich an und sagte: »Du lieber Himmel, wer hat dir denn die Haare gemacht?«

Ich war verlegen und sagte: »Oh, der Friseur um die Ecke.«

Anders war wütend. »Dem schlag' ich die Nase ein!« sagte er. Zum Glück vergaß er es, und der arme Friseur blieb verschont.

Aber die Hochzeit war wunderbar. Meine Mutter hatte das Fest im echten Von-Post-Stil ausgerichtet. Anschließend brachen wir nach Lappland auf, zum Fliegenfischen und zu anderem Zeitvertreib, und ich habe alles überlebt. Nach einer Woche Feiern trat ich in mein neues Leben als Hausherrin von Tjälls Gård. Im August, auf den Monat genau drei Jahre nach meiner ersten Begegnung mit John F. Kennedy, sandte meine Mutter mir einen Brief nach, geschickt an »Skyransgaten« (er hat es nie richtig buchstabiert!), auf Briefpapier des US-Senats, abgestempelt in Hyannisport, Massachusetts, adressiert an »Frau Anders Ekman« (absolut korrekt). Ich riß ihn auf, mein Herz klopfte vor Aufregung. »Liebste Gunilla«, begann er. Er sei traurig, weil ich nicht nach Amerika käme, und noch trauriger, daß ich einen »Farmer« heiraten wolle, doch Gott sei Dank sei es nicht jener andere »Farmer«, den zu besuchen »wir letzten Sommer durch halb Schweden gefahren sind«.

Dann witzelte er ironisch, er und Torby seien offenbar unwiderstehlich für das andere Geschlecht. Torby hatte augenscheinlich mit einem Mädchen in Båstad geflirtet und gehofft, sie wiederzusehen, wenn er und Jack – als die zwei lustigen Musketiere, die sie waren – wieder zu Besuch kommen würden. Aber auch sie hatte Torby geschrieben, daß sie heiraten werde und daß er – unter *keinen* Umständen – nach Schweden zurückkehren solle!

Jack hatte für den kommenden Sommer einen weiteren Besuch geplant. »Um *Dich* zu sehen«, schrieb er, gefolgt von einem verzagten »Und was wird nun?« Trotz unseres letzten freimütigen und – für uns beide, glaube ich – sehr schmerzhaften Gesprächs, hatte er noch Hoffnung, und der romantische Teil von mir hatte sie ebenso. Obwohl ich wußte, daß ich einen so guten, liebevollen Mann wie Anders nie betrügen könnte, geriet mein geheimes Ich in heftige Erregung über Jacks Vorschlag, wenn ich durch irgendeinen Zufall *nicht* heiraten würde, dann sollte ich ihn besuchen kommen. Ich befand mich in einem schrecklichen Konflikt. Es schien, als sei Jacquelines mißglückte Schwangerschaft ein weiterer Schlag für ihre Beziehung gewesen. Zum Schluß schrieb Jack, ich sei eine strahlende Erinnerung in seinem Leben, ich sei »wunderbar« und er vermisse mich.

Ich war tief bewegt. Ich faltete seinen Brief zusammen, steckte ihn zurück in den Umschlag und legte ihn in meine Kommode. Mir war wehmütig geworden, aber ich hatte jetzt ein eigenes Heim, um das ich mich kümmern mußte, und einen guten Mann, den es zu umsorgen galt.

Einige Wochen später schickte Ewa mir einen Zeitungsausschnitt. Ich hatte sie gebeten, von Zeit zu Zeit amerikanische Zeitungen für mich zu besorgen. Wir bezogen in Tjäll zwei schwedische Zeitungen, und natürlich hatten wir ein Radio und einen Schwarzweißfernseher, mit dem wir ein paar Kanäle empfangen konnten, wenn auch nicht besonders klar. Meine Schwester wußte, daß dies mich interessieren würde: Jack hatte für das Amt des Vizepräsidenten kandidiert, hatte aber verloren. Auf der Liste der Demokraten standen Adlai Stevensen als Präsident und ein gewisser Estes Kefauver als Vizepräsident.

Ich hoffte, daß Jack nicht allzu enttäuscht war, aber dann fiel mir ein, daß er gesagt hatte, er glaube ohnehin nicht, daß er es diesmal schaffen werde. Er war entschieden auf einem sehr bedeutenden Weg. Ich hatte ihn gut genug kennengelernt, um zu wissen, daß er entschlossen war, seinen Willen durchzusetzen, und ich glaubte fest daran, daß er es an diesem Tag in vier Jahren bis ganz nach oben ins »große Amt« geschafft haben würde.

Das Leben in Tjäll verlief von Anfang an gut, obwohl Anders und ich einen ganz verschiedenen Lebensstil pflegten. Weil mein Herzmuskel noch nicht wieder vollständig gekräftigt war, ruhte ich tagsüber häufig. Auch schlief ich gern lange, während Anders bei Tagesanbruch auf war. Seinen Tagesablauf – früh zu Bett, früh aus den Federn und auf zur Jagd – konnte ich nicht mitmachen, aber dafür hatte er Verständnis. Zudem war ich eine beliebte Gastgeberin geworden, ich gab gern Gesellschaften und blieb lange mit unseren

Gästen auf – gewöhnlich Landbesitzer aus dem Umkreis mit ihren Familien, Offiziere der zwei benachbarten Regimenter und – gelegentlich – Besucher aus Stockholm. Anders mochte meine Spontaneität und meine Vergnügungslust, und ich beklagte mich nie, wenn er sich entschuldigte und sich zeitig in unser Schlafzimmer zurückzog, während ich unten blieb und mit den Gästen feierte, oft in unserer großen Küche.

Mehr als alles andere wollte ich eine Familie gründen. Anders hatte schon Kinder von seiner ersten Frau, und er liebte seine Vaterrolle. Obwohl mein Mann ein kräftiger, zärtlicher und leidenschaftlicher Liebhaber war, konnte ich einfach kein Kind empfangen. Nach einigen Monaten bangte ich, daß es an meinem früheren Kampf mit dem Typhus liegen könnte. »Mach dir keine Sorgen«, sagte Anders. »Ich habe schon drei Kinder, und ich liebe dich, was auch geschieht.« Und dann freute ich mich aufrichtig, als ich erfuhr, daß Jacqueline Ende November 1957 von einem hübschen, gesunden Mädchen, Caroline Bouvier Kennedy, entbunden worden war. Das machte mir Mut und Hoffnung. Ich sah ein, wenn es mir bestimmt war, schwanger zu werden, so mußte es nicht unbedingt nach meinem Zeitplan geschehen. Wir bemühten uns weiter, und ich betete weiter.

Für mich war Anders eine Reinkarnation von Marco Polo. Gewagte Abenteuer schienen ihn anzuspornen. Er liebte es, sich der Gefahr auszusetzen und dann triumphierend nach Hause zurückzukehren. So überraschte es mich nicht weiter, als er zu Beginn des Jahres 1958 verkündete, wir würden eine lange, anstrengende, aufregende Reise unternehmen.

»Wohin?« fragte ich gespannt.

»Wir fahren auf einem kombinierten Fracht- und Passagierschiff von Göteborg nach El Salvador. Dann reisen wir durch Mexiko und die Vereinigten Staaten nach New York. Wir werden so viel sehen – das Meer, die Städte, die Wüste. Freust du dich?«

»O ja, Lieber. Aber wie wollen wir durch die Wüste reisen?«

»Wir nehmen den Wagen mit.«

Das hätte ich mir denken können! Es sah Anders ähnlich, den großen Mercedes 300 in alle Welt mitschleppen zu wollen. Und obendrein glaubte ich – endlich – schwanger zu sein. Mein Arzt war nicht sicher, aber bei meiner zuweilen zarten Gesundheit und meiner Neigung zu Erschöpfung hatte er mir geraten, mich zu schonen. Genau der richtige Moment, um monatelang über Meere, Berge und Wüsten zu gondeln!

Aber ich konnte und wollte Anders nicht enttäuschen. Als Vorsichtsmaßnahme fragte ich ihn jedoch, ob Ewa mitkommen könne. Sie war noch ungebunden nach ihrer kurzen Ehe mit Ernst Linder, und ich wußte, daß sie die Reise genießen würde. Außerdem war meine Schwester charmant, sehr lebhaft und höchst unterhaltsam. Sie konnte Anders amüsieren, während ich mich ausruhte. Er war von der Idee begeistert.

Es war angenehm, drei von nur acht Passagieren mit Kabinen auf dem kombinierten Frachtschiff der Johnson-Schiffahrtsgesellschaft zu sein. Die Reise verlief ungemein fröhlich, doch am ersten Tag auf See verstärkte sich meine Vermutung, schwanger zu sein. Beim Abendessen nahm ich einen Bissen zu mir, dann wurde mir übel. Ich bin unkonventionell, deshalb hatte ich die Morgenübelkeit am Abend. Aber das Unwohlsein verging, und der Gedanke, daß ich vielleicht schwanger war, machte mich glücklich. Die ganze Reise hindurch aßen wir jeden Abend mit dem Kapitän, und die Verpflegung und die Weine waren ausgezeichnet.

Nachdem wir die Schleusen des Panamakanals durchfahren hatten, folgte eine kurze Reise entlang der Westküste von Mittelamerika. Als wir in El Salvador an Land gingen, beobachteten wir entgeistert, wie eines der Seile, an denen der Mercedes hochgehievt wurde, riß und der Wagen sechs Meter tief aufs Dock krachte.

Die Reparatur dauerte zehn Tage. Unterdessen wohnten wir bei sehr wohlhabenden, großzügigen und gastfreundlichen Bekannten meiner Mutter, Dr. Beto Gomez-Mira und seiner Frau Lisa. Nie hatte ich einen

Kontrast von solch großem Reichtum und bitterer
Armut gesehen, wie er sich in El Salvador darbot. Ich
sagte: »Dieses Land ist reif für die Revolution.« Sie
lachten mich aus.

Wenigstens begannen die Kämpfe nicht, solange wir
dort waren, doch schon wenig später sollte einiges ins
Wanken geraten. Der aufgemöbelte Mercedes wurde
für die Fahrt durch Mexiko auf einen Güterzug gela-
den. Während kurzer Aufenthalte unterwegs versuch-
ten Banditen zweimal, den Wagen loszubinden und zu
stehlen, wurden jedoch von Anders verscheucht, der
seine Pistole zog. Ich zitterte aus Angst um mein Baby,
aber wir setzten unsere Reise fort. Auf einer kurven-
reichen mexikanischen Straße stießen wir auf einen
entsetzlichen Unfall zwischen einem Personenwagen
und einem großen Omnibus. Wir blieben drei bis vier
Stunden an der Unfallstelle und kümmerten uns um
die Verletzten. Ich verteilte schmerzstillende Mittel und
versorgte Wunden. »Du hast einen Orden verdient«,
sagte Ewa zu mir.

Es dauerte sieben Wochen von unserer Landung in
Mittelamerika bis zu unserer Ankunft in New York am
9. April. Streckenweise waren die Autostraßen eben
und neu, doch oft ruckelten und rumpelten wir über
Straßen, die kaum gepflastert waren. Anders, der bei
jeder falschen Abbiegung und jedem Verkehrsgewühl
zu Hochform auflief – wie ein fahrender Ritter, der von
einem Gegner herausgefordert wird –, war in seinem

Enthusiasmus nicht zu bremsen. Mit fortschreitender Schwangerschaft wurde ich immer öfter müde. Ewa hielt uns alle bei Laune.

Ich hatte wieder Verbindung zu Serge Obolensky aufgenommen und ihn gefragt, ob er Vorkehrungen für unseren Aufenthalt in New York treffen könne. Da Serge zu den Leuten gehörte, die so gut wie alle Welt kennen, konnte er jedem das Leben leichter machen, und bei unserer Ankunft in Manhattan tat er genau dies.

Für uns war eine Suite im Hotel Ambassador reserviert. Bei unserer Ankunft erwartete uns Serge im Foyer. Wir müssen ein toller Anblick gewesen sein. Er war es auf jeden Fall, wenn auch aus anderen Gründen. In seinem teuren zweireihigen Nadelstreif mit einer weißen Nelke am Revers war er eine vornehme großstädtische Erscheinung. Wir dagegen müssen wie ein Zigeunertrio ausgesehen haben.

Colonel Obolensky, der Inbegriff der Eleganz, nahm von unserem lädierten Aussehen keine Notiz und führte uns gewandt zu dem Hotelpagen, der unsere Koffer auf seinen Gepäckwagen lud. Anschließend bat Serge uns, ihm am nächsten Tag bei einem Umtrunk vor dem Mittagessen Gesellschaft zu leisten; sodann schwebte er zum Ausgang, während er hier und dort grüßend nickte und Hände schüttelte, ganz der große Gentleman.

Anders meldete uns am Empfang an. Als er sich anschickte, wieder zu uns zu kommen, rief der Rezeptionist ihm nach: »Mr. Ekman? Hier ist eine Nachricht für Sie«, und händigte ihm einen Zettel aus.

Anders las, während wir mit dem Fahrstuhl nach oben fuhren. »Mr. und Mrs. Calder«, sagte er.

»Wer sind sie?«

»Geschäftsfreunde. Er ist viel auf Reisen. Ich habe ihn in Stockholm kennengelernt. Sehr nette Leute. Ich soll sie anrufen.«

Ich achtete kaum darauf, weil ich praktisch im Stehen einschlief. Ich konnte nur noch an ein Bad und ein Bett denken.

Ich saß in der Wanne, froh über das warme Seifenwasser, das mir nach der langen Reise wohltat. Zum ersten Mal seit Wochen fühlte ich mich sauber und einigermaßen erfrischt, wenngleich die Erschöpfung nur abgemildert war, ohne vollends zu verschwinden. Ich freute mich darauf, mich in das große Hotelbett mit den knisternden, frischen Laken zu kuscheln und zu schlafen. Das war ich mir und meinem Baby schuldig.

Ewa kam frisch geduscht in ihrem geliebten alten Frottierbademantel in mein Badezimmer.

»Wo ist Anders?« fragte ich.

»Er telephoniert noch mit den Leuten, die die Nachricht hinterlassen haben.«

»Was für Leuten?«

»Du weißt doch, Mr. und Mrs. Calder. Anders sagte, sie möchten mit uns heute abend auf eine große Benefizveranstaltung gehen.«

Ich seufzte. »Ausnahmweise bin ich zu müde für ein Fest.«

Ich stieg aus der Wanne, und Ewa reichte mir ein großes, dickes Handtuch, das mit dem Ambassador-Emblem bestickt war. Nach der staubigen, holprigen Fahrt waren die Annehmlichkeiten erster Klasse einfach wundervoll. In das luxuriöse Baumwollhandtuch gehüllt, trocknete ich mich sachte ab und öffnete die Badezimmertür. Ich konnte Anders am Telephon hören.

»Ja, unter normalen Umständen wären wir entzückt. Aber wir sind alle müde, und meine Frau ist schwanger. Daher glaube ich nicht ...« Dann lachte er. »Oh, ich bin überzeugt, die Gästeliste ist sehr beeindruckend. Erich Rothschild? Ja, ich bin dem Baron einmal begegnet. Ja, Herve Alphand ist der französische Botschafter. Die Kennedys? Nein, ich hatte nicht die Ehre, aber meine Frau ist dem Senator einmal begegnet. Ich bedaure es auch, aber ...«

Ich riß die Tür auf und lief zu ihm. Er wollte sich gerade verabschieden.

»Anders, warte!«

»Einen Moment noch.« Er legte seine Hand über die Sprechmuschel.

»Welche Kennedys?« fragte ich. »Wo?«

Mein Handtuch war fast heruntergefallen. »Bedecke dich, meine Liebe«, sagte Anders und half mir, es um meine Taille zu knoten. »Senator Kennedy und seine Gattin. Und eine ganze Menge anderer – anderer ehrenwerter Gäste. Es ist der Ball ›April in Paris‹ im Hotel Waldorf-Astoria. Ich habe gesagt, wir können nicht kommen.«

»Oh, aber Anders, wir müssen hingehen! Wir müssen unbedingt hin!«

»Aber meine Liebe, du sagtest doch, du bist so erschöpft.«

»Nicht mehr. Wann fängt es an?«

»Acht Uhr, aber ...«

»Ich mach' mich fertig!«

Anders sprach wieder ins Telephon: »Vergessen Sie, was ich gesagt habe. Meine Frau, meine Schwägerin und ich werden Ihnen mit Freuden Gesellschaft leisten. Oh, wollen Sie das tun? Das ist sehr liebenswürdig. Wir sind um zehn vor acht unten. Auf Wiedersehen.«

Ich sah die Abendkleider durch, die ich eingepackt hatte. »Ewa! Hilf mir. Das wird nicht leicht.« Ich zog ein Samtkleid in gebrochenem Weiß hervor und hielt es vor mich hin. »Wie findest du das?«

»Kann ich nicht sagen. Zieh's an.«

Ich zog es über den Kopf und wollte es herabfallen lassen. Irgend etwas stimmte nicht. »Es sitzt knapp«, sagte ich.

»Du bist schwanger«, sagte sie, während sie bereits ein Kleid aus schwarzem Crêpe de Chine hervorzog. »Wie wär's mit diesem? Schwarz macht schlank.« Es saß ebenfalls knapp, aber nicht ganz so schlimm. Ewa musterte mich kurz. »Gut so.« Mit einer schimmernden Kette und passenden Armbändern war ich komplett. Um mit meinem Schwarz zu harmonieren, zog Ewa ein kupfergoldenes Etuikleid an, und sie sah glamourös aus wie immer.

Kurz vor acht warteten Lou und Lucille Calder vor dem Hotel in ihrem Wagen auf uns, obwohl unser Ziel nur wenige Straßen entfernt war. Sie waren ein angenehmes Ehepaar und hatten offenbar einen Narren an Anders gefressen. Als wir am Waldorf-Astoria ankamen, durchquerten wir das Foyer und traten in den großen Ballsaal. Er war in ein gigantisches französisches Straßencafé verwandelt worden, mit Markisen und Kiosken; Tische und Stühle waren um eine Tanzfläche gruppiert. Es war erst wenige Minuten nach acht. Während wir uns einen Weg durch den Saal bahnten und uns dem leicht erhöhten Podest auf der Vorderseite näherten, sah ich mich überall nach Jack um.

Wir fanden unseren Platz. Ich war aufgeregt, weil der Tisch so nahe am vorderen Teil des Ballsaales war. Als wir uns gesetzt hatten, blickte ich auf und sah Jack und Jacqueline von links eintreten. Er machte einen gesunden Eindruck und hatte zugenommen, was ihm gut stand. Seine Frau, wieder schön und schlank, nachdem sie im November Caroline geboren hatte, war kühl-elegant. Sie nahmen an getrennten Tischen auf dem Podest Platz. Jacks Tisch war unserem am nächsten.

Eine geheime Erregung ergriff mich – geheim, weil Anders das Ausmaß meiner Freundschaft mit Jack nicht kannte; Ewa freilich wußte Bescheid. Sie schenkte mir ein verständnisvolles Lächeln. Ich hoffte, Jack würde mich sehen, aber ich war nur eines von vielen hundert Gesichtern. Der Ober nahm Cocktailbestellungen entgegen. Als er zu mir kam, sagte ich: »Verzeihung, können Sie mir einen Augenblick Ihren Stift borgen?« Und er reichte ihn mir.

Ich nahm eine von den Papierservietten, die er auf die Tischdecke gelegt hatte, und schrieb darauf, so deutlich ich konnte:

SCHWEDISCHER GORILLA SITZT VOR DIR!

Ich knickte sie einmal um und gab sie dem Kellner zusammen mit seinem Stift. »Würden Sie das bitte zu Mr. Kennedy bringen?« fragte ich.

»Einen Augenblick, Madam.« Er trat beiseite und beriet sich mit einem anderen Kellner, einem Oberkellner, und einen Augenblick lang fürchtete ich, man werde meine Botschaft nicht überbringen. Doch der andere Mann nickte und ging dann forsch zu dem Podest, schritt zu Jacks Stuhl und beugte sich vor. Ich sah Jack aufblicken, lächeln und die Serviette entgegennehmen, die er mit einer einzigen Bewegung entfaltete und las. Das Herz schlug mir bis zum Hals. Jack stand auf, als wäre ein Stromschlag durch ihn hindurchgegangen. Dann sah er sich nur ganz kurz an den Tischen um, bis er mich entdeckte. Er strahlte übers ganze Gesicht. Noch stehend, gestikulierte er mit dem Daumen, stieß ihn heftig in die Luft und wies auf den Flur zu seiner Rechten, steuerte dann auf den Ausgang zu, blickte zurück und deutete mir, ihm zu folgen. Ich nahm meine Handtasche und lief in den Flur. Als ich hinkam, stand Jack allein dort und wartete auf mich. Ich hätte mich am liebsten in seine Arme gestürzt, doch dies war ein anderer Ort und eine andere Zeit, und Diskretion war geboten. Dennoch umarmte er mich kurz und küßte mich auf beide Wangen. »Es ist wunderbar, dich zu sehen«, sagte er und sah mir in die Augen. Ich weiß nicht, welche Empfindungen mein Gesicht verriet, aber Jacks Lächeln und seine Augen sagten alles.

»Du siehst großartig aus«, sagte er.

»Du auch.«

In diesem Moment hörte ich hinter mir Füßescharren, und ich dachte zuerst, es seien Anders und Ewa – es war mir ziemlich peinlich, als mir klar wurde, daß ich sie in meiner Hast, Jack zu treffen, einfach sitzengelassen hatte. Es war jedoch ein Photograph, ein ungebetener – und unwillkommener – Paparazzo.

Als ich mich umdrehte, rief er:»Mrs. Kennedy?« und schoß ein Blitzlichtphoto. Augenblicklich packte Jack den Photoapparat und warf ihn auf den Boden. Der Mann hob seinen kaputten Apparat auf und verschwand.

Auf einmal waren Anders und Ewa da – vermutlich in dem Glauben, daß etwas nicht stimmte, waren sie mir tatsächlich nachgegangen. Rasch stellte ich Anders vor – Ewa kannte Jack aus Båstad –, aber für ein Gespräch war keine Zeit. Drinnen rief Jack die Pflicht. »Freut mich sehr, Sie kennenzulernen«, sagte er zu Anders,»aber ich muß leider wieder hinein.«

»Natürlich«, sagte Anders. Er und Ewa gingen zurück in den Ballsaal.

Für nur wenige Sekunden waren Jack und ich wieder allein.»Es ist so schön, dich zu sehen«, sagte er. Er nahm zum letzten Mal meine Hand. Ich machte Anstalten, zu gehen.

»Warte, Gorilla«, sagte er.

Sein Gesichtsausdruck verriet alles, was ich wissen mußte. In den wunderbaren, strahlend blauen Augen sah ich noch einmal das Mittelmeer und die Sterne über Båstad und die Bucht unterhalb von Sjöstugan, wo wir geschwommen hatten. Ich fühlte die Wärme seines Körpers neben meinem und die Zärtlichkeit seiner Küsse. Noch einmal spürte ich die Erregung seiner Umarmung. Wenn es das wirklich gibt, daß die Zeit zu existieren aufhört, wenn eine Ewigkeit in

weniger als einem Sekundenbruchteil erlebt werden
kann, dann war dies ein solcher Augenblick. Doch das
alles fand in meinem Inneren statt. Und sein Gesichtsausdruck, als hätte er in demselben Augenblick in
meine Seele geschaut, sagte mir, daß er es genauso
erlebte.

Eine Erinnerung, eine Seele, ein Herz.

Er strich mir die Locke aus der Stirn. Niemand sah
uns. Rasch drehte er sich um und trat durch die Tür in
einen Saal mit tausend Menschen.

Ich folgte meinem Mann und meiner Schwester an
unseren Tisch.

Mit den Gedanken blieb ich den Rest der Nacht und
bis in den nächsten Morgen hinein bei Jack. Unser
Mittagscocktail mit Serge führte zum Lunch ins »21«,
und am nächsten Tag – dem Tag unserer Abreise aus
New York – ging ich früh los, um die Geschäfte Man-
hattans nach Babykleidung und -spielzeug zu durch-
kämmen, von Bonwit-Teller und Saks Fifth Avenue bis
zu Bloomingdale's und F.A.O. Schwarz. Ich war so ver-
tieft, daß ich am Abend die Einschiffung auf die *Stockholm*, die uns nach Göteborg bringen sollte, verpaßte.
Zu meinem Entsetzen waren die Gangways entfernt,
und das Schiff hatte schon abgelegt, Schleppboote lei-
teten den großen Dampfer aus dem Hafen! Ein Lotsen-
boot mußte mich an Bord bringen.

WIEDERSEHEN

Zuerst war Anders böse auf mich, da er angenommen hatte, ich sei schon längst an Bord. Aber ich beschwichtigte ihn, entschuldigte mich und sagte, daß ich ihn liebte; denn das war die Wahrheit. Er war ein wunderbarer Mensch, der mir innig zugetan war, und er war der Vater des Kindes, das in mir wuchs.

Ich stellte meine Tüten und Pakete in unserer Kabine ab und sagte zu Anders, ich wolle nach draußen, so kühl es auch war, nur für einen Augenblick. Ich ging achtern um das Schiff und blickte über das kabbelnde Wasser. Jenseits des Kielwassers war die Stadtsilhouette von Manhattan zu sehen. Ich hätte gern gewußt, ob Jack noch dort war. Als New York in der Ferne verblaßte, wußte ich, daß ich eines Tages wiederkommen würde. Ich hatte mich in die USA verliebt. Da stand die Freiheitsstatue, kräftig, dynamisch, unabhängig und frei. Ich sprach leise in den Wind: »Auf Wiedersehen, Amerika.«

Diesmal wußte ich, daß mein letzter Abschied von Jack Kennedy stattgefunden hatte – unser drittes und endgültiges Lebewohl. Jack hatte sein Leben vor sich, seine Hoffnungen, seine Bestrebungen und seine Bestimmung. Vielleicht würde er eines Tages Präsident der Vereinigten Staaten werden. Das war sein Wunsch, und ich betete, daß er ihm erfüllt werden möge.

Ich hatte ein neues Kapitel aufgeschlagen. Auch vor mir erstreckte sich die Zukunft.

Ich wollte eine gute Mutter sein und eine gute Ehefrau. Ich hielt mir vor Augen, daß dies schließlich der
Traum meines Lebens gewesen war. Ich warf einen
letzten Blick auf New York, bevor es sich im Nebel ver-
lor, und steuerte dann auf unsere Kabine zu, während
ich meinen großen Schal um Hals und Schultern zog,
um die feuchte, kalte Atlantikluft abzuwehren.

Palm Beach, Florida

Mein lieber Jack! 29. Mai 1996

Seit unserer letzten Begegnung in New York vor
achtunddreißig Jahren war es mir ein Bedürfnis, Dir
diesen Brief zu schreiben. Freilich hätte ich ihn damals
gar nicht schreiben können, weil wir nicht ahnen
konnten, was kommen würde. Alles, was wir teilen
durften, war unsere kurze Vergangenheit. Und Dir
sollte eine so kurze Zukunft beschieden sein.

Ich habe bis zu diesem Tag gewartet, weil es Dein
Geburtstag ist. Du wärst neunundsiebzig geworden.
Ich wollte mich Dir nahe fühlen, bevor ich zu
schreiben begann, deshalb bin ich heute morgen zur
St. Edwardskirche gefahren, wo Du oft warst, wenn Du
bei Deiner Familie in Palm Beach weiltest. Als meine
Augen sich an den kühlen, dunklen Raum gewöhnt
hatten, sah ich, daß er voller Blumen war! Ich kenne
den Grund dafür nicht, weil ich nicht katholisch bin.
Aber sie waren da, rote und weiße Nelken überall. Und

so viele Kerzen! Ich entschied, daß sie für Dich waren. Ich zündete eine an, »für abwesende Freunde«.

Ich setzte mich auf eine Bank und vertiefte mich in meine Gedanken. Vielleicht habe ich gebetet, ich weiß es nicht. Aber ich war erfüllt von Deiner Gegenwart. Und von vielem anderem.

Ich habe Anders auf eine Weise lieben gelernt, wie ich es nicht einmal im Traum für möglich gehalten hatte. Ja, er war so verschieden von Dir wie das Feuer eines Vulkans vom Salz der Erde, aber er war fürsorglich, liebevoll und ein wunderbarer Vater. Nach der Rückkehr nach Schweden brachte ich unsere erste Tochter zur Welt. Wir haben sie Andrea genannt. Ich kam wieder zu Kräften und brachte es sogar hin und wieder fertig, Anders und seine Kameraden auf Jagd- und Angelausflügen zu begleiten. Es war sehr anstrengend, aber ich hielt durch, und Gott sei Dank esse ich gern Lachs!

Es war ein gutes Leben. Anders war immer ein leidenschaftlicher Pilot kleiner Flugzeuge gewesen, aber Mimmi, seine erste Frau, hatte ihn vom Fliegen abgehalten. Ich nicht. Ich fand es nicht fair, ihm etwas zu versagen, was ihm solche Freude machte; da hätte ich ihm ebensogut sagen können: »Du darfst nicht jagen. Du darfst nicht angeln. Ich lasse dich nicht skilaufen.« So nahm er die Fliegerei wieder auf, und 1960 fuhren wir nach München, um ein neues Flugzeug zu kaufen, eine zweimotorige Dornier.

Ich wünschte mir noch ein Kind, und obwohl Anders aus erster Ehe schon genug Kinder hatte, sagte er: »Wenn du noch mehr willst, bin ich dafür. Und ich meine, jetzt ist eine gute Zeit dafür.« In unserer letzten Nacht in München wurde ich schwanger.

Wir kehrten nach Tjäll zurück und warteten auf die Anlieferung der neuen Dornier. In der Zwischenzeit flog Anders eine geliehene Maschine.

Ich flog gern mit ihm, angeschnallt im Cockpit an seiner Seite, während er über den Wäldern, Flüssen und Seen seines Besitzes kreiste. Aber diese Liebhaberei hatte auch eine praktische Seite; sie ermöglichte ihm, nach Bränden Ausschau zu halten – was wichtig ist für einen Herrn über Tausende von Bäumen.

Kajsa, unsere Köchin, war eine Bäuerin mit schlichten, althergebrachten Überzeugungen. Sie war tüchtig und klug und stark abergläubisch. Beim Abendessen am 29. März 1960 brachte Kajsa die Suppe herein, gerade als Anders sagte: »Als ich heute skilaufen war, ist mir etwas Merkwürdiges begegnet. Ich habe zwei schwarze Krähen gesehen.«

Ich glaubte, einen eigenartigen Ausdruck in Kajsas Gesicht zu sehen, aber ich sagte nichts.

Anders' Flugzeug war auf einem kleinen Flugplatz namens Kranfors eingestellt, dreißig Minuten von unserem Haus entfernt. Am nächsten Morgen standen wir früh auf, weil er nach Åre fliegen wollte, einem Wintersportort. Gewöhnlich begleitete ich ihn, doch diesmal wollte ich lieber zu Hause bleiben und mich mit der kleinen Andrea beschäftigen, damit Hilda, unser Kindermädchen, etwas Zeit für sich hatte.

Keine halbe Stunde nachdem er fort war, hörte ich unten einen Tumult. Ich ging nachsehen. Kajsa rannte, einen Besen schwingend, durchs Speisezimmer. Eine riesige wilde Katze, die wir noch nie gesehen hatten, war irgendwie ins Haus gelangt und saß auf dem Eßtisch. Sie hob die Vorderpfoten und fauchte. Kajsa wollte ihr mit ihrer Waffe einen Schlag versetzen und traf knapp daneben. Das Tier sprang herunter und verschwand.

Wieder sah ich denselben verängstigten Ausdruck in Kajsas Gesicht wie am Abend zuvor beim Essen, und ich fragte sie, was los sei.

»Das fremde Tier im Haus. Die zwei Krähen, die Herr Ekman gesehen hat. Das ist sehr schlimm.«

»Schlimm?«

»Es ist ein schlimmes Zeichen, Frau Ekman.«

Ich war bestürzt, ging aber wieder nach oben zu Andrea, die in unserem Schlafzimmer auf dem Fußboden spielte. Kurz darauf war Anders' Flugzeug zu hören, als es tief über dem Haus flog. Ich hob Andrea auf und trug sie zum Fenster. Anders war so nahe, daß ich ihn durch die Windschutzscheibe sehen konnte. Ich hielt die Hand meines Kindes in die Höhe, und wir winkten, als er über den Wäldern verschwand; dann setzte ich Andrea wieder zum Spielen auf den Boden.

Wenige Minuten später hörte ich ein merkwürdiges Geräusch – wie ein gedämpftes Krachen, dann ein Zischen und Prasseln. Als ich die Treppe hinunterrannte, kam mir ein kleiner Junge mit einer Strickmütze entgegengelaufen. Er rief: »Das Flugzeug steht in Flammen!«

Ich blieb einen Moment stehen und starrte ihn erschrocken an. »Aber wo ist Herr Ekman?«

»Ich hab' gesehen, wie etwas auf vier Beinen rauskroch. Ich glaub', das war er«, sagte der Junge.

Ich stürzte aus dem Haus, nachdem ich mir einen warmen Mantel über mein Nachthemd geworfen hatte. Ich war noch nie im Leben so schnell gerannt. Während ich mich den Flammen näherte, rief ich immerzu: »Wo ist Herr Ekman?«

Herr Bolander, unser Verwalter, hielt mich auf. »Es tut mir leid«, sagte er, »aber von Herrn Ekman ist nicht viel übriggeblieben.«

Mein Herz raste. Ich kam mir vor wie in einem Alptraum. Dies konnte mir nicht geschehen. Wie konnte etwas meinen starken Mann vernichten, der so voller Leben und Energie war?

Es war ein abartiger Unfall, Jack. An der Grenze der Ländereien von Tjälls Gård fließt der Fluß Angermanalven vorbei, den die Einheimischen in den wärmeren Monaten auf einer kleinen Fähre überqueren, die an einem Kabel geführt wird. Das Kabel ist zwischen zwei Pylonen über das Wasser gespannt. Anders hatte angeordnet, daß es den Winter über entfernt wird, aber das war nicht geschehen. Er konnte das Kabel im Schnee nicht sehen. Seine tieffliegenden Propeller verfingen sich darin, und das Flugzeug stürzte ab.

Anders, ein innig liebender Vater und ein aufrichtiger, großmütiger Mensch, war von uns gegangen. Und meine ganze Welt zerbrach. Wieder in unserem Schlafzimmer, berührte ich seinen Schlafanzug und seinen Morgenmantel, die noch warm waren. Ich fühlte mich verlassen und allein, und ich trauerte um meinen Mann.

Zwanzig Frauen, die für Anders arbeiteten, kamen mit Blumen ins Haus. Alle waren furchtbar lieb. Es gab ein großes Begräbnis mit Huldigungen von vielen Freunden und der Belegschaft seiner Firma Wäija Dynäs. Ich war monatelang am Boden zerstört und machte mir Vorwürfe, weil ich ihn nicht vom Fliegen abgehalten hatte. Aber Anders hatte mich nicht ganz verlassen. Ich war wieder schwanger.

Im Sommer 1960 ging ich nach London, weil ich einen Tapetenwechsel brauchte. Unsere nordschwedischen Nachbarn, die Kempes, rieten mir, in London eine englische Parapsychologin aufzusuchen, Daisy

Carter. Sie war eine berühmte und sehr geachtete Frau, nicht nur ein Medium, sondern auch Opernsängerin und Pianistin. Sie hatte viele führende Persönlichkeiten beraten, darunter Ernest Bevan, den englischen Außenminister, Parteivorsitzenden der Labour Party und Mitbegründer der NATO. Daisy Carter war anerkannt. Ich vereinbarte einen Termin.

Daisy Carter war damals schon recht betagt. Sie empfing mich in ihrer kleinen, aber reizenden Wohnung in Maida Vale, und ich nahm ihr gegenüber Platz. Sie sah mich mehrere Minuten lang an. Sie war liebenswürdig und heiter. Dann sagte sie: »Ich sehe eine Explosion, ein Feuer, einen Unfall. Ein Auto oder etwas anderes brennt. Drinnen ist ein geliebter Mensch. Es ist Ihr Mann. Er weilt nicht mehr unter uns.«

Ich klärte sie auf. Ich sagte ihr, daß ich mich schuldig fühlte.

»Nein, meine Liebe. Wir haben wenig zu tun mit diesen Dingen. Am Tag der Geburt wird entschieden, wann man diese Erde verlassen wird. Und wenn es Zeit ist, zu gehen, dann tritt man ab. Ihr Mann hätte ebensogut die Treppe hinunterfallen können – wer weiß?«

Sie sah mich wieder an. »Sie tragen sein Kind in sich«, sagte sie lächelnd.

Jetzt war ich ehrlich bewegt, und ich hatte Tränen in den Augen; denn man sah es mir nicht an, und ich hatte noch niemandem von meiner Schwangerschaft erzählt.

Sie beugte sich vor. »Gunilla, Sie sind nicht allein. Eine Liebe wird kommen. Jemand von Weltgeltung. Ein König oder Staatsoberhaupt. Jedenfalls ein sehr berühmter Mann.«

»Vielleicht bin ich ihm schon begegnet«, sagte ich und dachte an Dich, Jack.

»Es gibt noch jemanden. Denken Sie daran, Gunilla, Sie haben Ihr ganzes Leben noch vor sich.«

Am 22. Dezember wurde Anders' zweite Tochter Rosina geboren.

Ich blieb noch zwei Jahre im Norden. Obwohl ich für meine Kinder und das Personal von Tjäll zu sorgen hatte, und trotz der Freunde, die ich gewonnen hatte, war es einsam in dem großen Haus. Deswegen zog ich wieder nach Stockholm. Ich fand eine herrliche, geräumige Wohnung auf dem Gelände von Schloß Drottningholm in den Ritterquartieren nahe dem Königspalast. Sie war ausnehmend schön, mit handbemalten Wänden aus dem achtzehnten Jahrhundert; es war ein großes Glück für mich, sie zu bekommen.

Es heißt, man hatte Dich gewarnt, nach Dallas zu gehen, aber Du fuhrst trotzdem. An einem winterlichen Tag Ende November 1963 aßen meine Kinder früh zu Abend, und ich ruhte mich in meinem Schlafzimmer ein wenig aus. Meine Schwester Ewa, unterdessen Journalistin, rief mich an und sagte, ich solle den Fernsehapparat einschalten. Die Nachrichten waren verheerend.

Zuerst dachte ich, es sei Jacqueline, aber als mir klar wurde, daß Du erschossen worden warst, schaltete ich den Apparat aus. Ich fühlte mich wie eine leere Hülle, als sei mein Geist, meine Seele soeben aus mir herausgerissen worden. Die Vision von Anders' Flugzeugabsturz kehrte wieder wie ein plötzlicher Alptraum. »O Gott, Jack, du nicht auch«, sagte ich vor mich hin. Und dann weinte ich um zwei verlorene Lieben.

Aber Jack, Liebster, Du bist auf der Höhe Deines Ruhms gestorben. Vielleicht hättest Du auch ohnehin nicht mehr sehr lange gelebt. Heute weiß die Welt, welche Schmerzen Du Dein Leben lang erduldet hast; ich habe es gewußt und gespürt, als wir zusammen waren. Ich denke, Deine Courage war wie ein großer Vorhang, den Du vor Dich gezogen hast, um Dein körperliches Leiden zu verbergen. Ich habe viel über Deine spätere Abhängigkeit von den Spritzen gelesen, die Dr. Max Jacobson Dir in den frühen 1960er Jahren in New York verabreicht hat, und die Leute haben diese Zeit nicht gutgeheißen. Aber vielleicht hat dieser Arzt Dir so lange wie möglich das Leben bewahrt und Dich in Schwung gehalten. Ich schreibe dies nicht, um zu richten, sondern um die Wahrheit zu sagen.

Erst vor einem Jahr, um die Zeit Deines Geburtstags 1995, erschienst Du mir im Traum. Du wußtest von diesem Buch, und warum ich es schreiben wollte: um

zu sagen, daß Du oft mißverstanden wurdest und daß
Deine Liebenswürdigkeit und Deine Güte mein Leben
verändert haben. Du sagtest: »Erzähl unsere Geschichte und schreib auf, was geschehen ist. Bleib bei
der Wahrheit, und ich werde die ganze Zeit bei dir
sein.«

Lieber Jack, dies sind die Gedanken, die mir durch
den Kopf schossen, als ich heute morgen in der St.
Edwardskirche saß. Ich ging zurück in den Sonnenschein von Florida. Ich fuhr an Green's Drugstore vorbei, wo Du so gerne Eis gekauft hast. Ich wendete und
fuhr zu der alten Villa Deiner Familie, die jetzt einen
anderen Besitzer hat; aber sie wird mich immer an
Dich erinnern.

Ich habe dieses Haus in Palm Beach, weil mein
zweiter Mann, Wisner Miller, Amerikaner war. Er war
Vizepräsident von IBM und, wie Anders, wesentlich
älter als ich. Teils fühlte ich mich Deinetwegen zu
diesem Mann hingezogen, weil ich alles Amerikanische liebte und in den Vereinigten Staaten leben
wollte. Aber er war mehr mit seinem Beruf verheiratet
als mit mir, und wir haben uns getrennt. Wir hatten
zwei Söhne. Wisner Miller III. ist jetzt Ende Zwanzig,
er lebt in New York und will Schauspieler werden.
Der andere war der süße kleine Jan, der nur sieben Monate gelebt hat und in meinen Armen an
Leukämie starb. Er hatte große Freude am Leben. Er
konnte es nur nicht lange festhalten. Und seine Augen

waren so blau und ausdrucksvoll. So klein er war, er schenkte mir große Kraft. Als ich ihn begrub, fiel mir ein, daß ich vor vielen Jahren vom Tod Deines Sohnes gelesen hatte. Als Patrick Bouvier Kennedy in die Erde hinabgelassen wurde, hast Du seinen Sarg berührt und leise gesagt: »Leb wohl. Es ist schrecklich einsam da unten.«

Ich machte Torby MacDonald ausfindig, und zusammen unternahmen wir eine Pilgerfahrt zur ewigen Flamme in Arlington. Niedergeschlagen vor Kummer, weigerte er sich, aus dem Auto zu steigen. Als ich mich Deiner Ruhestätte näherte, war ich erfüllt von Bewunderung für Jacqueline und für das, was sie im Leben und im Tod für Dich getan hat. Ich kniete an Deinem Grab nieder, legte eine Rose für Dich hin und schickte meine ganze Liebe zu Dir. Als ich zum Auto zurückkam, war Torby außerstande, ein einziges Wort zu sprechen.

Vor einigen Jahren war ich wieder in Ruuthsbo. Gustav Hagemann, unser »Farmer«-Gastgeber, lebt noch und ist vor kurzem neunzig geworden. Er nennt das Zimmer, in dem Du geschlafen hat, das »Kennedyzimmer«, und er hat es genauso gelassen, wie es war, als Du und ich dort waren. Bei meinem letzten Besuch hat Gustavs Sohn mir dieses Zimmer gegeben.

Als ich dann nachts in dem Bett lag, überströmten mich die Erinnerungen. Ich mußte immerzu an Dich denken und an unsere Liebe. Ich empfand Freude, weil ich Dich gekannt hatte, Jack, weil ich erlebt hatte, was wirklich in Deiner Seele war.

Mitten in der Nacht wurde ich von einem Geräusch geweckt, als ob etwas fiele. Es schien, als sei jemand im Zimmer. Ich setzte mich auf. »Jack, was um alles in der Welt tust du hier? Danke, daß du auf mich aufpaßt, und ich werde dich nie vergessen. Mach's gut. Ich liebe dich.«

Meine Eltern sind nun auch dort, wo Du bist. Und Ewa, die nach einem Unfall in Barbados an ihren Verletzungen gestorben ist. Auch mein zweiter Mann und viele andere. Lange Zeit haben Torby und ich uns Weihnachtskarten geschrieben, und Gavin Welby und ich schrieben uns auch. Torby ist von uns gegangen, und von Gavin kommen seit einigen Jahren keine Karten mehr. Ich habe versucht, ihn in England ausfindig zu machen, aber es ist mir nicht gelungen.

In Deinem letzten Brief schriebst Du über das, was wir gemeinsam hatten. Du schriebst, das gehöre zu Deinen lebhaftesten Erinnerungen. Und zum Schluß schriebst Du: »Du bist *wunderbar*, und ich vermisse Dich.« Heute kann ich es nicht besser ausdrücken.

Vor mehr als vierzig Jahren schicktest Du mir von Bord eines Schiffes ein Telegramm, während ich in Schweden auf Dich wartete.

Wenn meine Zeit kommt, um zu Dir zurückzukehren, werde ich dieselbe Botschaft in den Himmel
flüstern. Und Du wirst mich hören.

»*À bientôt.*«
Bis dann, mein lieber Jack,
stets in Liebe,

Gunilla

Danksagung

Ich danke meinen drei geliebten Kindern und meinen Enkelkindern: Andrea und Michael Sladek und ihren Kindern Janni und Eleonore; Rosina und Manuel Espirito Santo und ihren Kindern Eduardo, Isabel und Ricardo; Dank an H. Wisner Miller jr. für unseren Sohn Wisner, der mich veranlaßte, dieses Buch zu schreiben; Dank an meinen Neffen Nicolas.

Vielen Dank einem besonders lieben Freund, Kirby Kooluris, der den Samen in die Erde gelegt hat.

Dank meinem Koautor Carl Johnes und meinen Agenten Lane Zachary, Todd Schuster und Esmond Hamsworth, die das Buch ermöglicht haben.

Ich möchte auch Stan Winsten danken, der mich vieles über das Leben in New York City gelehrt hat. Zum Lernen ist es nie zu spät – »nicht irremachen lassen«.

Einen herzlichen Gruß an die Schwestern von Kantzow, Lorle und Elfi, und ihre Familien. Ich danke meiner langjährigsten schwedischen Freundin Anne

Marie Glanzmann für ihren Zuspruch und ihre Unterstützung, ebenso meiner Cousine Margaretha von Post in Stockholm. Beide haben mir gute Ratschläge gegeben und mir geholfen, den Staub von alten Erinnerungen zu wischen.

Meine Gedanken und mein Dank gehen hoch hinauf nach Villars in der Schweiz zu alten Freunden, Jean-Louis Chable, der mir in meinem Leben ein großartiger Lehrer war, und zu Jacques und Jacqueline Bertinotti sowie zu meinem lieben Seelenfreund Felix Tercier.

Des weiteren geht mein Dank an meinen Lieblingshund Igor, der aus Bordeaux stammt, und an Dawa Ang, den Sherpa aus Nepal, der immer zu Buddha für »Mamma Gunilla« betet.

Dank Euch allen.
Gunilla von Post